Philip Henry Sheridan

Von Gravelotte nach Paris

Erinnerungen aus dem deutsch-französischen Kriege

Philip Henry Sheridan

Von Gravelotte nach Paris
Erinnerungen aus dem deutsch-französischen Kriege

ISBN/EAN: 9783744618465

Hergestellt in Europa, USA, Kanada, Australien, Japan

Cover: Foto ©ninafisch / pixelio.de

Weitere Bücher finden Sie auf **www.hansebooks.com**

General Philip Sheridan.

Von Gravelotte nach Paris.

Erinnerungen

aus dem deutsch-französischen Kriege

von

General Philip H. Sheridan.

Deutsch von **Udo Brachvogel**.

Leipzig

Verlag von Carl Reissner

1889.

I.

Gravelotte.

Nachdem ich ein Jahr den Oberbefehl der „Militär-Division des Missouri", welche das ganze Gebiet der Felsen-Gebirge umschliefst, geführt hatte, fand ich es nöthig, eine Besichtigung der Militärposten in Nord-Utah und Montana vorzunehmen, um mich durch eigene Anschauung von ihrer Lage und ihren Bedürfnissen zu unterrichten und mich gleichzeitig auch mit den hauptsächlichsten geographischen und topographischen Zügen dieser Gegenden bekannt zu machen. Ich brach deshalb im Mai 1870 von Chicago westwärts auf, erreichte mit der Union-Pacific-Bahn die Station Corinna und nahm hier Fahrgelegenheit auf der Personenkutsche nach Helena, der Hauptstadt des Territoriums Montana. Helena liegt nahezu fünfhundert englische Meilen nördlich von Corinna, und unter gewöhnlichen Umständen war die Reise in jener Zeit höchst ermüdend und langweilig. Da der Wagen Tag und Nacht über die schlechten Gebirgswege voranholperte, so war nur wenig Aussicht auf Schlaf, und da ich eine genügende Anzahl von Officieren meines Stabes bei mir hatte, um ein solches Vorgehen zu rechtfertigen, so nahmen wir die ganze Kutsche nebst Ausrüstung für uns allein in Beschlag und machten es zur Bedingung, dafs wir eine Nacht während der Fahrt Aufenthalt machen dürften, um etwas Ruhe und Schlaf zu geniefsen. Das machte die Fahrt erträglicher und wir erreichten Helena, ohne ungewöhnlich ermüdet zu sein.

Ehe ich Chicago verliefs, waren die Zeitungen bereits voll von Gerüchten über einen drohenden Krieg zwischen Deutschland und Frankreich. Ich hätte den Kampf, falls er wirklich ausbrechen sollte, gern beobachtet. Da aber die den Ausbruch der Feindseligkeiten ankündigenden Nachrichten von heute schon morgen widerrufen wurden, so fand ich erst bei meiner Ankunft in Helena Depeschen vor, die bald allen Zweifel ausschlossen. Ich entschlofs mich daher, meine Besichtigungsreise abzukürzen, so dafs ich nach Europa gehen konnte, um, wenn der Präsident seine Zustimmung geben würde, dem Kriege als Augenzeuge beizuwohnen. Und nachdem ich vom General der Armee Sherman benachrichtigt worden, dafs meiner Reise nach Europa kein Hindernifs im Wege stände, traf ich meine Vorbereitungen und belegte Ueberfahrt auf dem Dampfer Scotia. Präsident Grant lud mich ein, ihn in seinem Sommeraufenthalt Long Branch vor meiner Abreise zu besuchen, und während meines kurzen Aufenthaltes daselbst fragte er mich, welche der beiden Armeen ich zu begleiten wünschte, die deutsche oder die französische. Ich antwortete ihm, die deutsche, weil ich der Meinung war, dafs auf der erfolgreichen Seite mehr zu sehen sein würde, und dafs die Anzeichen auf eine Niederlage der Franzosen hindeuteten. Meine Wahl war dem Präsidenten augenscheinlich angenehm, denn er hegte die äufserste Verachtung für Louis Napoleon und hatte in ihm von je her nur einen Usurpator und Charlatan erblickt. Ehe ich mich verabschiedete, gab mir der Präsident den nachstehenden Brief an die Vertreter unserer Regierung im Auslande, dem ich nicht nur die Erlaubnifs, mit den Deutschen zu gehen, sondern auch die besondere Begünstigung einer Einladung in das Hauptquartier des

Königs von Preufsen verdanken sollte. Der Brief lautete:

Long Branch, New-Jersey, 25. Juli 1870.
Generallieutenant P. H. Sheridan von der Armee der Vereinigten Staaten ist ermächtigt, Europa zu besuchen und, falls er nicht andere Befehle erhält, nach seinem eigenen Ermessen zurückzukehren. Bürgern und Vertretern anderer Regierungen stelle ich General Sheridan als einen der tüchtigsten, tapfersten und verdientesten Soldaten vor, welche der grofse Krieg, den die Vereinigten Staaten eben erst überwunden haben, hervorgerufen hat. Aufmerksamkeiten, die ihm erwiesen werden, wird das Land, dem er hingebend und erfolgreich gedient, nach Gebühr würdigen.

U. S. Grant.

Die Nachricht von meiner beabsichtigten Reise war durch das Kabel als gewöhnliche Zeitungsmeldung nach Europa gelangt, und unser Minister in Frankreich, Herr Elihu B. Washburne, mein guter Freund, hatte in der Annahme, dafs ich mich der französischen Armee anzuschliefsen wünsche, die Güte gehabt, die einleitenden Schritte zur Sicherung der nöthigen Erlaubnifs zu thun. Er hatte die

Sache sogar bei dem französischen Kriegsminister zur Sprache gebracht; aber da das betreffende Ersuchen nur in ganz zwangloser Weise gestellt war und sich von der andern Seite eine unverkennbare Abneigung, es zu bewilligen, kundgab, liefs Herr Washburne die Angelegenheit wieder fallen. Ich erfuhr von dieser in meinem Interesse bewiesenen Freundlichkeit nicht eher als nach der Uebergabe von Paris. Damals theilte Herr Washburne mir selbst mit, was er aus eigenem Antrieb gethan. Selbstverständlich dankte ich ihm aufs wärmste; aber selbst wenn er die Erlaubnifs erhalten haben würde, hätte ich mich dem französischen Heere nicht angeschlossen.

Ich ging von New-York am 27. Juli in See; einer meiner Adjutanten, General Forsyth, begleitete mich. Am 6. August erreichten wir Liverpool und besuchten Tags darauf die amerikanische Gesandtschaft in London, wo wir mit Ausnahme des Ministers, Herrn Motley, der abwesend war und durch den Gesandtschafts-Secretär, Herrn Morian, vertreten wurde, das gesammte Amtspersonal sahen. Wir verliefsen London am 9. August und begaben uns nach Brüssel, wo der amerikanische Minister, Herr Russel Jones, aufs freundlichste für uns sorgte und uns am selben Abend auf den Weg nach Deutschland brachte. Des Krieges wegen vermochten wir nur in einer Strecke bis Vera zu fahren, hier erhielten wir die Nachricht, dafs der preufsische Kriegsminister an den Militär-Inspector der Eisenbahnen telegraphirt hatte, uns bei unserer Ankunft in Köln in Empfang zu nehmen und in das preufsische Hauptquartier zu befördern. Statt dessen schickte uns jedoch der Inspector, aus irgend einem unaufgeklärt gebliebenen Grunde, nach Berlin. Hier kam uns unser Minister, Herr George Bancroft, mit einem Telegramm vom deutschen Reichskanzler, Grafen Bismarck, entgegen, in welchem es hiefs, dafs man uns im Hauptquartier des Königs erwarte; und ebenso hörten wir, dass der preufsische Gesandte in Brüssel telegraphisch angewiesen worden war, uns von Köln ins Heerlager zu befördern, statt uns nach Berlin gehen zu lassen, jedoch von unserer Ankunft in Brüssel nichts erfahren hatte.

Kurz nachdem wir in Berlin angekommen, schickte die Königin, um uns Gelegenheit zu geben, ihr unsere Aufwartung zu machen, einen Boten und bestimmte eine Stunde für unsern Besuch, der am nächsten Tage stattfinden sollte. Da aber der Ton der Depesche, welche Herr Bancroft unserthalb vom Grafen Bismarck empfangen, auf das Bevorstehen eines wichtigen Ereignisses auf dem Kriegsschauplatze schliefsen liefs und es deshalb wünschenswerth war, dafs ich ihm beiwohnte, so entschuldigte uns unser Minister bei der Königin und wir gingen noch an demselben Abend nach dem Hauptquartier der deutschen Armee ab, nachdem wir in der preufsischen Hauptstadt uns kaum einen Tag aufgehalten.

Unser Zug war sehr lang, er bestand aus mehr als achtzig Wagen, und trotz des Vorspanns von drei Locomotiven ging die Reise nach Köln sehr bedächtig vor sich und war in Folge dessen recht langweilig. Von Köln gingen wir mit der Bahn weiter das Rheinthal hinauf bis Bingerbrück und dann querdurch über Saarbrücken nach Remilly, wo wir die Bahn verliessen und in einem Heuwagen nach Pont-à-Mousson fuhren, das wir am 17. August spät am Nachmittag erreichten. Diese kleine Stadt war im Westfälischen Frieden an Frankreich abgetreten worden, und obgleich ursprünglich deutsch, ist doch die Bevölkerung im Laufe so vieler Jahre in ihrem Gefühl durch und durch französisch geworden. Der Ort war so voll von deutschen Officieren und Soldaten, dass es schwer war, ein Unterkommen zu finden; nach einigem Suchen jedoch erhielten wir ein ganz bequemes Quartier in einem der kleinern Gasthöfe, und nachdem wir einen dürftigen Imbifs genommen, schickte ich meine Karte an den Grafen Bismarck, den Kanzler des Norddeutschen Bundes, der alsbald antwortete und auf 9 Uhr Abends eine Zusammenkunft festsetzte.

Als mich der Graf empfing, war er in der Interims-Uniform des Cuirassier-Regiments, dessen Oberst er war. Während der Unterredung liefs er von Zeit zu Zeit grofse Erregung über den bevorstehenden Kampf durchblicken, denn es war der Vorabend der Schlacht von Gravelotte, vornehmlich aber drehte sich die Unterhaltung um die öffentliche Stimmung in Amerika bezüglich dieses Krieges, an der ihm so viel gelegen schien, dafs er mich mehrfach fragte, welchem von beiden Ländern man dort die Schuld am Kriege beimesse. Als ich meinen Wunsch ausdrückte, der Schlacht, welche man für den nächsten Tag erwartete, beizuwohnen, und die Bemerkung hinzufügte, dafs ich nicht genügende Zeit gehabt, für die nöthigen Beförderungsmittel zu sorgen, bat er mich, mich um 4 Uhr am nächsten Morgen bereit zu halten, er werde mich in seinem eigenen Wagen mitnehmen und mich dem Könige vorstellen, auch wolle er einen der Officiere seines Stabes, der ein oder zwei eigene Pferde habe, bitten, mir eines davon zu leihen. Da ich noch nicht genau wußte, in welcher Eigenschaft ich mich hier befinden würde, und da ich dem Präsidenten vor meiner Abreise von Amerika erklärt hatte, daß ich die deutsche Armee nicht in amtlicher Eigenschaft zu begleiten wünschte, so wußte ich nicht recht, ob ich in Uniform erscheinen sollte oder nicht. Ich brachte daher auch diese Sache zur Sprache, und der Graf meinte nach einigem Besinnen, es würde das Beste für mich sein, meine Interims-Uniform zu tragen, jedoch, da ich „Nichtcombattant" war, ohne Degen.

Um 4 Uhr am Morgen des 18. August stellte ich mich, wie verabredet, im Quartier des Kanzlers ein. Die Kutsche stand vor der Thür, auch ein Sattelpferd; da aber kein überzähliges Thier für General Forsyth hatte herbeigeschafft werden können, so mußte sich dieser nach einem andern Hilfsmittel, das Schlachtfeld zu erreichen, umsehen. Der Wagen war viersitzig und offen, mit einem Bock für nur einen Mann und mit einem Hemmschuh versehen. Graf Bismarck und ich nahmen den Vordersitz und Graf

Bismarck-Bohlen — der Neffe und Adjutant des Kanzlers — und Dr. Busch saſsen uns gegenüber auf dem Rücksitz. Das Fuhrwerk war stark, tauglich und bequem, aber nicht von besonders gutem Aussehen, und als Gespann dienten vier untersetzte Pferde, plumpe, unschöne Thiere, deren massives Geschirr darauf hindeutete, daſs die ganze Ausrüstung auf schwere Arbeit abgesehen war. Zwei Postillone in Uniform, in hohen Militärsätteln auf den Sattelpferden, vollendeten den Aufzug.

Wir schlugen eine der Straſsen von Pont-à-Mousson nach Rézonville ein, welches auf dem geraden Wege von Metz nach Chalons und nahe dem Mittelpunkt des Feldes liegt, auf welchem am 16. August die Schlacht von Mars-la-Tour geschlagen worden war. Es war dieselbe Straſse, auf der die Pommern, etwa 30000 Mann stark, Befehl hatten, nach Gravelotte zu marschiren, und nachdem wir eine kurze Strecke gefahren waren, holten wir die Colonne ein. Da diese Truppen aus Graf Bismarcks Heimathprovinz stammten, so grüſsten sie, als wir in dem Halbdunkel der Morgendämmerung und später im Glanz der aufgehenden Sonne vorüberfuhren, mit ununterbrochenen, begeisterten Hochrufen auf den Kanzler.

Auf dem Wege kam Graf Bismarck wieder auf den Stand der öffentlichen Meinung in Amerika betreffs dieses Krieges zu reden. Er sprach auch viel über die Form unserer Regierung; er sagte, in seinen jungen Jahren seien seine Neigungen ganz republikanisch (all toward republicanism) gewesen, Familien-Einflüsse aber hätten diese Neigungen unterdrückt; auch deutete er an, wie er in seiner politischen Laufbahn zu der Ueberzeugung gelangt sei, dass Deutschland noch nicht genügend vorangeschritten für den Republikanismus sei. Er sagte ferner, er sei nur widerstrebend in diese öffentliche Laufbahn eingetreten, er habe sich vielmehr immer danach gesehnt, Soldat zu werden, aber auch hier sei es wieder der Familien-Widerstand gewesen, der ihn vom Felde seiner Wahl in die Sphäre der Diplomatie gedrängt habe.

Nicht weit von Mars-la-Tour stiegen wir aus und nach einer kleinen Weile erschien ein Adjutant, der mir mittheilte, er habe den Auftrag, mich zu Sr. Majestät dem Könige von Preußen zu führen und demselben vorzustellen. Als wir mit einander voran gingen, fragte ich ihn, ob ich bei der Begegnung mit dem Könige meine Mütze abnehmen sollte: er rieth mir, das nicht zu thun, denn bei einer Vorstellung im Freien sei es nicht Vorschrift für die Uniformtragenden, das Haupt zu entblöfsen. Unter dem Schatten einer Gruppe von Pappelbäumen, mit denen die meisten Farmen im Norden Frankreichs besetzt sind, ging darauf die Vorstellung in der einfachsten und angenehmsten Weise vor sich. Se. Majestät bereitete mir den herzlichsten Willkommen, er nahm meine Hand in seine beiden Hände und gab, gleich dem Grafen Bismarck, durch den Dolmetscher sehr grofses Interesse für die Stimmung in meinem eigenen Lande betreffs des Krieges kund. Zu dieser Zeit war Wilhelm I. von Preussen 73 Jahre alt, aber, in die Garde-Uniform gekleidet, erschien er wie das wahre Ideal eines Soldaten und damit vereinigte er die feinsten und verbindlichsten Umgangsformen. Die Unterhaltung, welche kurz war, da keiner von uns die Muttersprache des Andern sprach, schlofs damit, dafs Se. Majestät mich in der liebenswürdigsten Weise einlud, während des Feldzuges mich seinem Hauptquartier anzuschliefsen. Nachdem ich ihm für diese Güte gedankt, schloss ich mich aufs neue der Gesellschaft des Grafen Bismarck an, und da in der Zwischenzeit unsere Pferde angekommen waren, stiegen wir auf und begaben uns nach dem für den König ausgewählten Standort, um Zeugen des Beginns der Schlacht zu werden.

Der Platz befand sich auf etwas erhöhtem Grunde, ungefähr in der Mitte des Schlachtfeldes von Mars-la-Tour; man übersah von ihm aus die Dörfer Rézonville und Gravelotte, auch nahezu die ganze Gegend nach Osten auf Metz zu konnte von hier aus überblickt werden. Der gewählte Punkt war für den Zweck ausgezeichnet, unangenehm berührte es jedoch, dafs so viele Leichname armer Burschen, die hier vor zwei Tagen gefallen waren, noch unbegraben dalagen. Bald jedoch fing man an, in des Königs Umgebung die Todten zu entfernen, indem man sie auf Tragbahren, die aus Gewehren zusammengesetzt wurden, fortbrachte. Als dann auch die nicht explodirten Geschosse vorsichtig fortgetragen worden, sammelten sich um den König sein Bruder, der Prinz Friedrich Karl Alexander, der Chef des Generalstabes General von Moltke, der Kriegsminister General v. Roon und Graf Bismarck, und da man auch mich aufforderte, mich der Gruppe anzuschliefsen, so wurde ich hier dem General v. Moltke vorgestellt. Er bediente sich unserer Sprache in fliefsender Weise, und da Bismarck die

Gesellschaft für eine Weile verlassen hatte, um in einem benachbarten Hause nach seinem Sohne zu sehen, der bei Mars-la-Tour verwundet worden und wegen dessen er natürlich sehr besorgt war, so unterhielt General v. Moltke mich, indem er mir die Stellungen der verschiedenen Corps, die Art und den Zweck ihrer eben vor sich gehenden Bewegungen u. s. w. erklärte.

Vor uns, Metz deckend, lag die französische Armee. Sie war auf dem Rücken eines sich nach Norden erstreckenden Höhenzuges aufgestellt und zog sich von der Mitte an leicht westwärts gegen die deuschen Streitkräfte hin. Der linke Flügel der französischen Aufstellung befand sich nahe der Mosel, von den Deutschen durch eine Schlucht mit ziemlich dicht bewaldeten und steil ansteigenden Wänden getrennt; weiter nach Norden, dem Centrum näher, verschwand die Bodenvertiefung und ging in die allgemeine Wellenform des Geländes über, und von da an nach rechts zu bildete der Grund, über welchen eine Annäherung an die französischen Linien bewerkstelligt werden mufste, eine natürliche, offene Abdachung, welche von dem Feuer des Vertheidigers auf's gründlichste bestrichen werden konnte. Die Linie erstreckte sich etwa sieben oder acht englische Meilen lang. Um diese überall, vielleicht mit Ausnahme des rechten Flügels, furchtbare Stellung anzugreifen, hatten die Deutschen die vereinigten Streitkräfte der ersten und zweiten Armee im Felde, Truppen, die während der letzten vierzehn Tage den Franzozen bereits in drei Schlachten auf Tod und Leben siegreich gegenübergestanden hatten. Auf ihrem rechten Flügel, östlich von Metz, stand die erste Armee unter dem Commando des Generals v. Steinmetz, des Siegers von Spichern am 6. August und acht Tage später von Colombey, während das Centrum und der linke Flügel aus den verschiedenen Corps der vom Prinzen Friedrich Karl von Preufsen befehligten zweiten Armee sich zusammensetzte, von denen ein Theil eben an der blutigen Schlacht von Mars-la-Tour theilgenommen hatte, durch welche Bazaine von der Strafse nach Verdun abgedrängt und auf Metz zurückgeworfen worden war.

Zuerst bestand der deutsche Plan einfach darin, mit dem rechten Flügel zu drohen, während die Corps der zweiten Armee nach Norden vorrückten, um die Franzosen, über deren Absichten man sehr im Unklaren war, daran zu verhindern, nach Chalons durchzubrechen; denn wenn die Absichten der

Franzosen an's Licht treten würden, sollten diese Corps nach einander ihre Richtung dahin wechseln, dafs sie sich auf den Feind werfen und seinen rechten Flügel zurückdrängen sollten. Aber die Stelle, an der sich diese entscheidende Wendung vollziehen sollte, war nicht bestimmt, und bis man spät am Nachmittag Gewifsheit darüber hatte, wüthete der Kampf mit mehr oder minder Heftigkeit auf der ganzen Linie.

Da es jedoch nicht meine Absicht ist, die Schlacht von Gravelotte oder irgend eine andere in ihren Einzelheiten zu beschreiben, so will ich hier nur von einigen Zwischenfällen sprechen. Um Mittag, nach verschiedenen einleitenden Scharmützeln, begann die eigentliche Bewegung nach dem eben von mir kurz gezeichneten Plan, indem die Deutschen auf ihrem linken Flügel voranrückten, während sie mit dem rechten ihre Stellung festhielten, und diesen rechten Flügel (die erste Armee) hatte ich von dem Platz aus, an dem sich des Königs Hauptquartier befand, unter meiner unmittelbaren Beobachtung. Von hier konnten wir, wie bereits bemerkt, das Dorf Gravelotte sehen. Vor demselben lagen die deutschen Truppen, zum Theil, namentlich zur Linken, durch verstreute Gehölzgruppen verborgen. Unmittelbar vor uns jedoch war das Gelände frei, und da der Tag klar und sonnig war und eine frische Brise wehte — andernfalls würde auch der Rauch einer zwischen viermalhunderttausend Mann wüthenden Schlacht jede Aussicht unmöglich gemacht haben —, so war das Schauspiel, welches sich hier darbot, von unübertroffener Grossartigkeit und Pracht. Die deutsche Artillerie eröffnete die Schlacht, und während die Luft mit Pulver und Geschossen von Hunderten von Geschützen erfüllt war, rückten das Centrum und der linke Flügel der Deutschen in lockerer Aufstellung zum Angriff vor, und während des Vormarsches nahmen die Reserven in dichten Colonnen ihre Stellungen zur Hülfsbereitschaft ausserhalb des feindlichen Feuers ein.

Die französische Artillerie und die Mitrailleusen erwiderten das Feuer der Krupps kräftig und mit mörderischer Wirkung, aber so weit wir sehen konnten, rückte der linke Flügel der Deutschen ununterbrochen vor und Stabsofficiere brachten häufig die Meldung, dass auch an unsern Blicken entzogenen Stellen des Schlachtfeldes alles gut gehe. Diese Meldungen wurden immer zuerst dem König erstattet, wenn daher jemand mit neuen Nachrichten über den Fortgang des Kampfes erschien, so sammelten wir uns um ihn, um das Neueste zu hören. General v. Moltke entfaltete dann eine Karte und erklärte die Sachlage. Dann kehrte der Chef des Generalstabes, den nächsten Bericht abzuwarten, entweder zu einem Sitz zurück, den man für ihn aus ein paar Soldaten-Tornistern hergerichtet hatte, oder er schritt auf und ab, hier und da Erdstückchen oder Steine mit dem Fuss aus dem Wege stossend, die Hände auf dem Rücken, das Gesicht bleich und nachdenklich. Moltke zählte damals nahezu 70 Jahre; aber seine abgemagerte Gestalt, die tiefen Falten im Gesichte und die Krähenfüße um die Augen ließen ihn noch älter erscheinen, sodass man ihn nach seinem Aussehen eher für einen bußfertigen Asceten als für einen begeisterten Krieger gehalten hätte.

Gegen Mitte des Nachmittags hatten die Deutschen, dank dem steten Vorrücken des linken Flügels und des Centrums, die Franzosen aus ihren vorgeschobenen Stellungen hinter Steinmauern und Hecken und aus kleinen Thälern und Dörfern in der Richtung auf Metz zu verdrängt. Ihr rechter Flügel hatte inzwischen vom Dorfe Gravelotte Besitz ergriffen und die Franzosen über die tiefe Schlucht, von der ich gesprochen und die in einer kleinen Entfernung östlich von dem Flecken von Norden nach Süden läuft, getrieben. Nun aber wurde es auch Zeit, Ernst zu machen und vorzurücken, um den Höhenzug von Rozerieulles zu nehmen, denn die Franzosen waren augenscheinlich entschlossen, zur Deckung ihres Rückzugs nach Metz hier Widerstand bis zum Aeufsersten zu leisten. Als die Deutschen zum Angriff übergingen, eröffneten die Franzosen ein furchtbar vernichtendes Feuer, sodafs General v. Steinmetz sich veranlafst sah, die zum rechten Flügel gehörige Cavallerie zu einem Reiterangriff auf die auf der Höhe stehenden Franzosen vorzuschicken. Nachdem die beschriebene Schlucht gekreuzt war, jagte diese Reitermasse den gegenüberliegenden Abhang empor, indem die Wucht der Nachstürmenden die vordern Reihen gewaltsam vorwärts drängte. Die Franzosen hatten hier längs eines vertieften Weges hinter Mauern und Häusern Stellung genommen. Als die deutsche Reiterei sich diesem Hindernifs näherte, empfing sie das furchtbarste Feuer; trotzdem drängten die vordern Reihen vor, bis sie in den tiefen Einschnitt des beschriebenen Hohlwegs in wirrer Knäuelform hinabstürzten. Das Gemetzel war schrecklich, an weiteres Vordringen war nicht zu denken und die Blokkade von todten und verwundeten Menschen und Thieren hinter ihnen machte auch einen geordneten Rückzug unmöglich und dadurch die Niederlage unvermeidlich. Als dieser Reiter-Angriff befohlen wurde, war der Stand der Schlacht derart, dafs der König beschlofs, sein Hauptquartier in den Flecken Gravelotte vorzuschieben, und grade als wir hier einrückten, empfingen wir die ersten Nachrichten von dem verhängnifsvollen Verlauf des mit so grofser Begeisterung unternommenen Angriffs. Es wurde behauptet, der General v. Steinmetz habe seine Cavallerie unnöthigerweise geopfert, und aus dem allgemeinen Unwillen schlofs ich, der General würde auf der Stelle seines Befehls enthoben werden. Das geschah jedoch nicht. Von einem grofsen Stabe begleitet, erschien General v. Steinmetz bald darauf selbst im Ort und verfügte sich sofort zum König. Als er vor demselben stand, verbeugte er sich mit gröfster Achtung, und ich machte dabei die Bemerkung, dafs der General ein sehr alter Mann war, obgleich seine soldatische Gestalt, sein gebräuntes Gesicht und sein kurzgeschnittenes Haar noch von Kraft sprachen. Ich befand mich nicht nahe genug, um in Erfahrung zu bringen, was gesagt wurde, aber die Art und Weise Sr. Majestät drückte nur Wohlwollen aus, und die Thatsache, dass der alte Krieger an die Spitze seines Commandos zurückkehrte, bewies, dafs wenigstens für den Augenblick sein Fehler nicht beachtet worden war.

Der König verliess hierauf den Ort und nahm sein Hauptquartier etwas weiter nordöstlich auf einem hohen ebenen Platze, von wo wir die jetzt ebenfalls vorrückende Infanterie des rechten Flügels an dem östlichen Abhang der Schlucht emporsteigen sehen konnten. Dieses Vorrücken, obgleich langsam und unregelmässig, führte schliesslich doch zu einem allmählichen Gewinn von Boden trotz des von den Franzosen mit einem hartnäckigen Musketenfeuer den ganzen Abhang entlang geleisteten Widerstandes. Ihre Artillerie schwieg jetzt plötzlich zur Genugthuung der deutschen Artillerie-Officiere, die sich der Zuversicht überliessen, dass ihre Krupps die französischen Batterieen zum Schweigen gebracht und die Mitrailleusen zerschossen hätten. Ich konnte indessen diese Zuversicht nicht theilen, denn mein ausgezeichnetes Feldglas liess mich deutlich lange Reihen französischer Truppen erkennen, welche ihrem rechten Flügel in der augenscheinlichen Absicht zuzogen, dort verzweifelten Widerstand zu leisten, und ich hielt es deshalb für mehr als wahrscheinlich, dafs wir auch noch von ihrer Artillerie hören würden, bevor die Deutschen den ersehnten Höhenkamm zu nehmen vermochten. Die Deutschen arbeiteten sich unterdessen langsam empor, an den ausgesetztesten Stellen des Abhangs, hier und da auf dem Bauche kriechend oder sich auf Händen und Füssen voranschiebend, im Grofsen und Ganzen aber in gerader und entschiedener Haltung vorrückend. Als sie dem Kamm auf Schussweite nahe gekommen, machten sie die Entdeckung, dass die französischen Geschütze und Mitrailleusen keineswegs zum Schweigen gebracht worden seien, denn etwa zweihundert Stück eröffneten plötzlich mit furchtbarer Wirkung ihr Feuer, während gleichzeitig der ganze Höhenkamm in einem mörderischen Chassepotfeuer aufflammte. Ein derartiger Widerstand kam den Deutschen so unerwartet, dafs er sie völlig verblüffte und dafs sie sich, nach einem augenblicklangen Schwanken, von Schrecken ergriffen — Infanterie, Cavallerie und Artillerie — zur Flucht wandten und ohne irgend welchen Versuch eines geordneten Rückzugs den Abhang hinuntereilten und über die

Schlucht hinweg nach Gravelotte flohen, hitzig verfolgt von den Franzosen und von einem heftigen und ununterbrochenen Feuer überschüttet.

Damit hatte die Schlacht auf dem rechten Flügel der Deutschen eine höchst ernste Gestalt angenommen und alles deutete darauf hin, dass die Franzosen jetzt zum Angriff auf die Höhen von Gravelotte übergehen würden. In diesem Augenblicke der Krisis aber erschien das pommersche Corps auf dem Kampffelde und wurde von Moltke persönlich ins Gefecht geführt, worauf in kurzem der Tag zu Gunsten der Deutschen entschieden war.

Als die französischen Geschütze in so unerwarteter Weise das Feuer wieder eröffneten, entdeckte man, dass die Stellung des Königs sich in ihrer Schussweite befand, und manche der Geschosse fielen nahe genug nieder, um den Platz äufserst unbehaglich zu machen. Es wurde dem Könige daher der Vorschlag gemacht, er möge sich nach einem weniger ausgesetzten Punkte begeben: zuerst wollte er diesem verständigen Rath kein Gehör schenken, schliefslich aber gab er nach, indem er den Platz mit offenbarem Widerstreben verliefs und sich nach Rezonville verfügte. Ich wartete auf den Grafen

Bismarck, der in Gravelotte geblieben, um nach Jemandem aus dem Gefolge zu sehen, der verwundet worden war. Nachdem er die nöthigen Verordnungen getroffen, machten wir uns auf, den König einzuholen, und wir erreichten auch bald Se. Majestät, der auf dem nach Chalons führenden Wege inmitten einer Schaar Flüchtlinge angehalten hatte, die er wegen ihrer Flucht in einem so energischen Deutsch ausschalt, dass ich unwillkürlich an das Fluchen an „Dutch"*) erinnert wurde, welches ich in meiner Knabenzeit in Ohio zu hören gewöhnt war. Nachdem er den „Ausputzer" zu seiner Zufriedenheit beendet, nahm der König den Weg nach Rezonville wieder auf, hielt jedoch jedes Mal wieder an, um in demselben kraftvollen Stil allen Gruppen von Flüchtlingen, an denen er vorüberkam, den Standpunkt klar zu machen.

Hinter Rezonville wurde ein Feuer angezündet und für den König, seinen Bruder Prinz Karl und den General v. Roon ein nichts weniger als bequemer Sitz an demselben dadurch hergerichtet, dass man eine kurze Leiter mit ihren Enden auf ein paar

---

*) Dutch, eigentlich „holländisch", amerikanischer Spitzname für Deutsch.

Kisten legte. In grosser Unruhe und in nicht wenig gedrückter Stimmung wurden hier die neuesten Nachrichten vom Schlachtfelde erwartet; aber die Spannung sollte nicht lange anhalten, denn bald lief die erfreuliche Meldung ein, dass die Franzosen im Rückzug begriffen seien, nachdem sie von dem pommerschen Corps im Verein mit einigen auf den Höhen von Gravelotte wieder in Schlachtordnung gebrachten Abtheilungen des geworfenen rechten Flügels zurückgetrieben worden waren. Eine weitere Meldung besagte, dass Bazaines Armee auf Metz zurückfalle und das ganze Schlachtfeld im Besitz der Deutschen lasse.

Während der Aufregungen des Tages hatte ich weder Hunger noch Durst verspürt; jetzt aber, da alles vorüber war, fühlte ich mich nahezu erschöpft, da ich thatsächlich seit dem Morgen nichts zu mir genommen hatte. In derselben Lage waren alle übrigen, denn die ungeheuren Armeen hatten nicht nur nahezu alles im Lande aufgezehrt, sondern auch die Brunnen ausgetrunken, und es schien weit und breit keine Abhülfe zu sein, als glücklicherweise eine Abtheilung Soldaten den Weg entlang kam, die auf einem Karren ein Fässchen Wein mit sich führte. Einer der Stabsofficiere nahm ungesäumt das Fässchen in Beschlag und ging sofort daran, seinen Beutepreis in hochherziger Weise zu theilen. Nie in meinem Leben habe ich etwas so Erfrischendes und Wohlschmeckendes gekostet; da aber der Wein von dem gewöhnlichen sauren Gewächs war, welches die Bauern in Nordfrankreich trinken, so muss meine Werthschätzung desselben wohl mehr auf Rechnung meines verdursteten Zustandes als auf die der Tugenden des Getränks selbst gesetzt werden. Nachdem ich so meinen Durst gelöscht, rief mich des Königs Bruder zur Seite, zog aus seiner Rocktasche ein Stück alten schwarzen Brotes und theilte es mit mir; während wir beide daran kauten, begann der Prinz von seinem Sohne — dem General Prinz Friedrich Karl, gewöhnlich der „rothe Prinz" genannt — zu sprechen, der in dieser Schlacht die zweite Armee, den deutschen linken Flügel, befehligt hatte. Das Gesicht des alten Herrn glänzte von Begeisterung, als er die militärische Laufbahn seines Sohnes erzählte, und das nicht ohne guten Grund, denn sowohl in dem Kriege zwischen Preussen und Oesterreich im Jahre 1866 wie in dem gegenwärtigen Feldzug hatte der „rothe Prinz" Zeichen höchster militärischer Begabung gegeben.

Im Hauptquartier wurde es jetzt rege. Zunächst wurden Depeschen mit der Ankündigung des neuen Sieges nach allen Himmelsgegenden abgefertigt. Die erste ging an die Königin, nachdem der König dem Grafen Bismarck den Auftrag ertheilt hatte, sie zur Unterschrift vorzubereiten; dann kamen andere mehr amtlichen Charakters an die Reihe, und während das alles vor sich ging, dachte ich, es wäre das Beste, wenn ich ins Dorf ritte und etwas Wasser für mein Pferd zu bekommen versuchte. Als ich jedoch eben in die Hauptstrasse einritt, wurde ich von einer Abtheilung Soldaten angehalten; man hielt mich in Folge der Aehnlichkeit meines Rockes und meiner Kappe mit denen der Franzosen für einen französischen Officier, und die Leute legten auf mich an. Sie waren so erregt, dass ich dachte, mein letztes Stündlein habe geschlagen, denn sie verstanden kein Englisch und ich war ausser Stande, mit ihnen Deutsch zu sprechen. Zum Glück fielen mir in dieser Nothlage ein paar unzusammenhängende deutsche Worte ein. Mit Hülfe dieser — denn ich wagte es nicht, eine Erklärung in französischer Sprache abzugeben — bemerkte ich, dass meine Execution hinausgeschoben wurde. Einer von dem Trupp kam jetzt heran, um das „verdächtige Subject" näher zu untersuchen, er nahm meine Mütze ab, und nach sorgfältiger Besichtigung blieb sein Blick schliesslich auf den drei Sternen über dem Schilde ruhen. Diese drei Sterne schienen ihm allen Zweifel, dass ich ein Franzose sei, zu nehmen. In Folge dessen wuchs die Aufregung wieder, denn nun glaubten sie ich wolle sie überlisten, und ich zweifle thatsächlich, ob ich genug Leben in mir behalten haben würde, um mein Abenteuer weiter zu erzählen, wenn nicht eben jetzt ein zum Hauptquartier des Königs gehörender Officier vorübergekommen wäre, der, durch die Drohungen und Verhandlungen aufmerksam gemacht, heranritt, um nach der Ursache des Lärms zu sehen. Er erkannte mich sofort und nachdem er mich befreit hatte, erklärte er meinen Bedrängern, wer ich sei; dieselben waren natürlich aufs Tiefste betroffen und erschöpften sich in Entschuldigungen und Versprechungen, dass ein Missverständniss wie dieses nie wieder vorkommen solle. Da ich mich aber trotzdem noch nicht beruhigt fühlte — denn meine Uniform setzte mich nach wie vor allen möglichen Missverständnissen aus — so trug ich Sorge, in Gesellschaft meines Befreiers in das Hauptquartier zurückzukehren.

Hier erzählte ich, was mir begegnet war, und nachdem alle herzlich über mein Abenteuer gelacht hatten, versah mich der König mit einem Pass mit der Bemerkung, dass dieser in Zukunft allen derartigen unerquicklichen Vorkommnissen vorbeugen werde, damit konnte ich hingehen, wohin es mir beliebte — eine Gunst, die nur in seltenen Fällen erwiesen wird!

Während meiner Abwesenheit hatte man sich dahin entschieden, dass für die Nacht im Dorfe Rezonville für den König Quartier gemacht werden solle, und da es zu so später Stunde sehr schwer war, die ganze Gesellschaft unterzubringen, so machten Graf Bismarck und ich uns auf, um auf eigene Faust nach einem Unterkommen zu sehen. Ich erinnerte mich, auf meiner Wassersuche für mein Pferd eine zum Theil niedergebrannte Scheune mit etwas frisch aussehendem Heu darin gesehen zu haben, und machte den Vorschlag, uns dort einzuquartieren. Auch er meinte, dass das gerade für uns passend sein werde: als wir aber hinkamen, fanden wir, dass der nicht verbrannte Theil des Gebäudes mit Verwundeten dicht belegt war. Wir gingen deshalb weiter auf die Suche. Schliefslich entschied der Graf für ein Haus, dessen oberer

Stock, wie wir hörten, unbesetzt war, obgleich das Erdgeschoss ebenfalls mit Verwundeten angefüllt war.

Nachdem wir eine in allen Fugen krachende Leiter — eine Treppe gab es nicht — emporgeklettert waren, fanden wir ein geräumiges Zimmer mit drei grossen Betten, von denen der Kanzler eines dem Herzog von Mecklenburg und dessen Adjutanten, das andere dem Grafen Bismarck-Bohlen und mir anwies, während er sich das dritte vorbehielt. Jedes Bett war, wie dies in Deutschland und Nordfrankreich üblich ist, mit einem dicken Federbett versehen; da aber die Nacht sehr warm war, so wurden diese Decken abgeworfen und nachdem ich entdeckt, dass dieselben eine gute Unterlage für ein Lager auf dem Fussboden abgeben würden, schlief ich auf demselben und überliess Bismarck-Bohlen, unbelästigt durch alle Gesellschaft — wenigstens solche menschlicher Art — sich selbst.

Bei Tageslicht erwachte ich, und als ich sah, dass Graf Bismarck bereits angekleidet und im Begriff war, die Leiter hinabzusteigen, beschloss ich, seinem Beispiele zu folgen; ich erhob mich daher und war bald im Erdgeschoss, da, in Ermangelung aller Waschgelegenheit, der ganze von der

Toilette erforderte Zeitaufwand im Anlegen der Kleidungsstücke bestand. Draufsen vor der Thür begegnete ich dem Grafen, welcher mir triumphirend ein paar Eier zeigte, die er eben von der Besitzerin des Hauses gekauft hatte; er lud mich zum Frühstück ein in der Voraussetzung, dass wir aus der Feldhaushaltung des Königs etwas Kaffee bekommen würden. Nachdem er die Eier unter den dringendsten Ermahnungen, sie gut zu verwahren, unter meine Obhut gestellt, ging er, um auf den Kaffee zu fahnden, und er kam in der That nach einer Weile mit leidlichem Erfolg zurück. Ein Ei für jeden war indessen kaum genug, um den Hunger zweier starken, von langem Fasten geradezu gierigen Männer zu stillen, der Genuss hatte vielmehr unsern Hunger nur grösser gemacht, und wir begaben uns alsbald aufs neue auf die Suche nach etwas Essbarem. Ich hatte das Glück, einem Marketenderwagen zu begegnen, und obgleich sein Vorrath nahezu ausverkauft war, waren doch noch vier paar Würstchen übrig geblieben, die ich für eine hübsche runde Summe sofort erstand. Der Graf hatte inzwischen ein paar Flaschen ausgezeichneten Cognacs aufgetrieben, so dass unser schmales

Eier- und Kaffee-Frühmahl reichlich vervollständigt wurde.

Nach dem Frühstück lud der Kanzler mich ein, ihn auf einem Ritt über das Schlachtfeld zu begleiten, um zu sehen, ob die Kruppschen Kanonen wirklich die Hinrichtung an den französischen Geschützen vollzogen hatten, wie die deutschen Artillerie-Officiere glaubten. Wir ritten quer durch das Dorf Gravelotte und auf dem Wege, auf dem die deutsche Cavallerie ihren muthigen aber vergeblichen Angriff ausgeführt hatte, erreichten wir bald den Grund, auf dem das Gefecht am heftigsten gewesen. Hier war das Feld mit Zeugenmalen des furchtbarsten Kampfes bedeckt, Todte und Verwundete lagen nach allen Richtungen hin dicht gesät.

Am entsetzlichsten war die Schlächterei in dem Hohlweg auf der Höhe gewesen; hier waren Menschen und Pferde zu Hunderten von dem mörderischen Feuer hingerafft worden, das hinter einer hohen, für Reiterei unnehmbaren Steinmauer abgegeben wurde. Der Anblick war schaudererregend und wir beeilten uns, eine andere Richtung einzuschlagen. Wir stiegen zu der gestrigen Stellung der französischen Truppen empor und sahen, dass der offene Grund mit Tausenden von Helmen bedeckt war, welche die Deutschen während des Kampfes abgeworfen hatten, und die noch dort lagen, obgleich bereits einzelne Abtheilungen der Regimenter, die hier im Gefecht gewesen, mit dem Aufsammeln der verlorenen Kopfbedeckungen beschäftigt waren.

Als wir in das Innere der französischen Stellungen kamen, war ich erstaunt, zu sehen, wie wenig Schaden den Vertheidigungswerken durch die deutsche Artillerie zugefügt worden war; denn wenn ich auch nicht das erhabene Vertrauen in ihre Geschütze setzte, welches die deutschen Artilleristen im Allgemeinen zu denselben haben, so dachte ich doch, dafs die furchtbare Kanonade sichtbarere Ergebnisse gehabt haben müsse. Alles, was ich jedoch wahrzunehmen vermochte, war ein dienstunfähig gewordenes Geschütz, eine zerbrochene Mitrailleuse und zwei schlimm beschädigte Munitionswagen. Alles Uebrige, mit Ausnahme eines kleinen Vorraths von Munition, der noch in den Gräben lag, hatten die Franzosen mitgenommen, und man konnte an der guten Art und Weise, in welcher der linke Flügel der Franzosen seinen Rückzug nach Metz bewerkstelligt hatte, abmessen, dafs dieser Rückzug durch das Unheil auf dem rechten Flügel bereits vorher entschieden war.

Da um diese Zeit die deutsche Cavallerie bereits ziemlich weit nach Metz, nach der französischen Front vorgedrungen war, so folgten wir ihr und ritten in der Hoffnung, einen Blick auf die Stadt zu gewinnen, nach einem benachbarten Hügel; kaum hatten wir jedoch den Gipfel erreicht, als einige der etwa 600 Meter von hier versteckt liegenden Vorposten Feuer auf uns gaben und uns so zusetzten, dafs wir uns auf den Nacken unserer Pferde beugten und in der zwanglosesten Weise die Flucht ergriffen. Eine deutsche Cavallerieabtheilung, die den Zwischenfall wahrgenommen hatte, machte einen Angriff auf den französischen Posten und trieb ihn weit genug zurück, um uns eine sichere Rückkehr nach dem gewünschten Aussichtspunkt zu ermöglichen. Hier machten wir jedoch die Entdeckung, dafs das nach Osten zu liegende Land so durchschnitten und hügelig sich erwies, dafs keine zufriedenstellende Aussicht auf Metz möglich war.

Nach unserer Rückkehr nach Gravelotte besuchten wir zunächst den nordöstlich vom Dorfe gelegenen Theil des Schlachtfeldes, und hier entdeckte Graf Bismarck in einem abgelegenen Winkel etwa zwanzig Schwerverwundete. Den armen Burschen war nicht die mindeste Hülfe zutheil geworden, sie waren von dem Sanitätscorps übersehen worden und ihre Lage war im höchsten Grade mitleiderregend. Unter ihnen befand sich ein auffallend schöner Mann — ein Artillerie-Hauptmann — der, obgleich durch die rechte Brust geschossen, gesprächig und guten Muthes war und die Ueberzeugung aussprach, dafs er wieder gesund werden würde. Auf einen in seiner Nähe liegenden Kameraden deutend, der gleichfalls einen Schufs in die Brust erhalten hatte, schüttelte er hingegen in bezeichnender Weise mit dem Kopf; es war an den Zügen des Mannes zu sehen, dafs der Tod nahte. Sofort wurde eine Ordonnanz nach einem Wundarzt entsendet, und in der Zwischenzeit thaten Graf Bismarck und ich, was in unsern Kräften stand, um die Leiden der Verwundeten zu mildern, indem wir ihnen Wasser brachten und etwas Cognac einflöfsten. Als die Aerzte kamen, überliefsen wir die Verwundeten ihrer Sorge und begaben uns nach Rezonville, wo wir die Kutsche des Grafen bestiegen, die uns zu dem inzwischen nach Pont-à-Mousson verlegten Hauptquartier des Königs bringen sollte.

Unser Weg führte durch das Dorf Gorze, und hier waren die Strafsen derartig mit Wagen gesperrt, dafs ich fürchtete, wir würden den ganzen Rest des Tages brauchen, um durchzukommen, denn die Fuhrleute schenkten den Zurufen unserer Postillone nicht die geringste Beachtung. Graf Bismarck erwies sich jedoch der Lage gewachsen; er zog eine Pistole hinter dem Wagenkissen hervor, sprang aus dem Wagen und begann die Strafse in wirksamster Weise zu klären, indem er die vor uns befindlichen Wagen zur Rechten und Linken beorderte. Nachdem er in dieser Weise vor unserm Wagen hergegangen und Raum für uns geschaffen, bis wir das Ende der Sperre erreicht hatten, nahm er seinen Sitz neben mir wieder ein mit der Bemerkung: „Das ist kein sehr würdevolles Geschäft für den Kanzler des deutschen Bundes, aber es ist die einzige Möglichkeit, durchzukommen."

In Pont-à-Mousson gesellte sich mein Adjutant, General Forsyth, wieder zu mir, und die nächsten zwei Tage wurde unsere Aufmerksamkeit fast ganz und gar von der Aufgabe in Anspruch genommen, uns Beförderungsmittel zu verschaffen. Es war das eine sehr schwierige Sache; da ich aber nicht länger die Güte des Kanzlers in Anspruch nehmen wollte, so beharrten wir auf unsern Bemühungen, bis wir schliefslich unter Beihülfe des Grafen Bismarck-Bohlen leidlich mit je einem Reitpferd und mit zwei Wagenpferden ausgerüstet waren.

Hier, am Nachmittage des 21. August, hatte ich auch die Ehre, mit dem Könige zu speisen. Das Essen war einfach, es bestand aus Suppe, einem Braten und zwei oder drei Gemüsen, als Wein gab es gewöhnlichen Tischwein und Burgunder. Eine ansehnliche Zahl von Personen hohen Ranges war anwesend, jedoch sprach Niemand Englisch, ausgenommen Bismarck, der dem König zunächst safs und den Dolmetscher machte, wenn Se. Majestät mit mir sprach. Die Ereignisse, die sich eben abgespielt hatten, wurden nur wenig berührt, dagegen that der König manche Frage betreffs unseres Rebellion-Krieges, namentlich solche, welche General Grants Feldzug vor Vicksburgh betrafen und vielleicht dadurch nahe gelegt wurden, dafs in den letzten Bewegungen der deutschen Armee mehrere verwandte Grundsätze der Kriegswissenschaft zur Anwendung gekommen waren.

II.

Sedan.

Nachdem sich die französische Armee unter Marschall Bazaine in die Befestigungen von Metz zurückgezogen hatte, wurde dieses Bollwerk ungesäumt vom Prinzen Friedrich Karl eingeschlossen. Unterdessen hatte sich die dritte Armee unter dem Kronprinzen von Preufsen — die nach ihrem Siege bei Wörth die Armee des Marschalls Mac Mahon während und nach der Schlacht von Gravelotte beobachtet hatte — auf dem Wege über Nancy nach Paris zu in Bewegung gesetzt, und zwar in Verbindung mit der vierten Armee, welche aus Truppen bestand, die vorher um Metz herum beschäftigt gewesen und am 22. unter dem Befehl des Kronprinzen von Sachsen nach Bar-le-Duc entsandt worden waren. Infolge dieser Vorschiebung beschlofs der König, sein Hauptquartier nach Commercy zu verlegen. Dorthin führte uns eine breite, macadamisirte Strafse, die zu beiden Seiten von Pappelbäumen bepflanzt war, durch eine schöne, dicht mit blühenden Dörfern besetzte Gegend. In Commercy fanden Forsyth und ich bereits Quartier für uns bestellt, was sich später stets wiederholte, sobald das königliche Hauptquartier verlegt wurde. Wir waren beim Notar des Ortes untergebracht, der nicht müde wurde, sein Glück zu preisen, das ihn davor bewahrt habe, einen Deutschen beherbergen zu müssen. Er behandelte uns auf's gastfreundlichste, und als wir am nächsten Morgen aufbrachen, boten wir ihm eine Entschädigungssumme an mit dem Bemerken, er möge dieselbe zum Besten der Verwundeten und der Kirche verwenden. In Form dieser Abmachung nahm der Notar das Geld an, und wir befolgten diesen Plan nachher immer, um uns für Unterkommen und Verpflegung erkenntlich zu zeigen, wenn wir in Privathäusern einquartirt waren.

Am nächsten Morgen machte ich mich vor dem Hauptquartier auf den Weg und langte in Bar-le-Duc etwa um Mittag an, nachdem ich auf dem Wege die bairische Abtheilung der Armee des Kronprinzen überholt hatte. Diese Baiern waren flott aussehende Soldaten in hübschen Uniformen von hellblauer Farbe, sie machten einen gesunden und kräftigen Eindruck, schienen mir jedoch von kürzerer Gestalt als die Norddeutschen, die ich in den Armeen des Prinzen Friedrich Karl und des Generals v. Steinmetz gesehen. Als später am Tage der König ankam, wurde die Wache für ihn aus diesen bairischen Truppen commandirt — zweifelsohne eine politische Mafsregel, denn die Süddeutschen waren noch immer gegen ihre Brüder aus dem Norden derart eingenommen, dafs man keine Gelegenheit, sie zu gewinnen, unbenutzt vorübergehen lassen durfte. Bar-le-Duc, das damals eine Bevölkerung von 15000 Seelen hatte, ist eine der hübschesten Städte, die ich in Frankreich gesehen habe; es erfreut mit seinen absonderlichen alten Häusern und schönen Boulevards das Auge und erregt zugleich tieferes Interesse. Der König und sein unmittelbares Gefolge waren an einem der schönsten Boulevards in einem grofsen, der Bank von Frankreich gehörigen Gebäude einquartirt, dessen grofser Balcon den besten Standort darbot, um einen Theil der Armee des Kronprinzen am nächsten Tage auf ihrem Marsch nach Vitry vorübermarschiren zu sehen. Es war dies die erste Gelegenheit, die Se. Majestät hatte, diese Truppen zu besichtigen, da er sich bisher entweder bei der Armee des Prinzen Friedrich Karl oder bei der des Generals v. Steinmetz befunden hatte, und die Hochrufe, mit denen er von den Baiern begrüfst wurde, liefsen allen alten Eifersüchteleien zum Trotz gar keine Möglichkeit zu, ihre Bundestreue zu bezweifeln.

Während des Vorbeimarsches der Truppen hatte Graf Bismarck die Freundlichkeit, mir die verschiedenen Truppentheile zu erklären; dabei erzählte er Einzelheiten aus ihrer Geschichte und warf zugleich Bemerkungen über die Befähigung der verschiedenen sie befehligenden Generäle hin. Nach der Besichtigung begaben wir uns nach dem Hause des Grafen, und hier zum ersten Mal in meinem Leben kostete ich Kirschwasser, einen sehr starken, aus Kirschen bereiteten Branntwein. Da ich den Stoff nicht kannte, hatte ich mich auf Bismarcks Empfehlung verlassen, und da dieser das Getränk für ausgezeichnet erklärte, so that ich einen herzhaften Schluck, welcher mich dem Ersticken nahe brachte und in einen heftigen Hustenanfall stürzte. Der Kanzler tröstete mich und sagte, dafs dies durchaus nicht die

Schuld des Getränkes, sondern nur meiner eignen Unerfahrenheit sei, und ich mufste dies dem grofsen Staatsmann wohl glauben, denn er bewies die Richtigkeit seiner Worte, indem er eine ansehnliche Menge mit leuchtendem Gesicht hinuntergofs. Das überzeugte mich in so unwiderstehlicher Weise, dafs ich mich sofort mit Bismarck-Bohlen auf den Weg machte, um einen Vorrath für mich selbst einzulegen.

Ich verbrachte die Nacht in dem hübschen Hause eines aufserordentlich höflichen Herrn, der den guten deutschen Namen Lager führte, trotzdem aber von Kopf zu Fufs französisch war, vorausgesetzt, dafs leidenschaftlicher Preufsenhafs ein Zeichen von Franzosenthum ist. Am 26. August bei Tagesanbruch empfingen wir die Anweisung, uns um 7 Uhr zum Vormarsch auf dem Wege nach Chalons bereit zu halten, später aber wurde der Zeitpunct auf 2 Uhr verlegt. In der Zwischenzeit erschien General v. Moltke und hatte eine lange Besprechung mit dem König, und als wir uns endlich auf den Weg begaben, begleitete uns ein Theil der Armee des Kronprinzen, die nach jener Besprechung die Bewegungen von Bar-le-Duc nordwärts einleitete, welche schliefslich zu der Uebergabe der französischen Armee bei Sedan führten. Diese plötzliche Aenderung des Planes verstand ich zuerst nicht, bald aber hörte ich, sie habe ihren Grund darin, dafs der Marschall Mac Mahon, welcher seine bei Wörth geschlagene Armee bei Chalons mit drei frischen Corps vereinigt hatte, auf Befehl des französischen Kriegsministers in Paris auf Metz marschire, um die Festung zu entsetzen. Die Mannschaften von der Armee des Kronprinzen thaten ihr Möglichstes und die Officiere bewirkten durch Zureden und Antreiben der Erschöpften und Nachzügler die äufserste Anspannung ihrer Kräfte. Im allgemeinen marschirten die Leute trotz des schnellen Schrittes und der drückenden Hitze in guter Ordnung, denn der Prinz hatte gleich beim Beginn des Feldzuges ihr Gepäck auf das Allerwesentlichste beschränkt, sie waren daher für einen Eilmarsch auf's beste gerüstet.

Der König machte eine gröfsere Tagereise als gewöhnlich — bis Clermont — und so kamen wir erst spät unter Dach und Fach, und selbst dann nicht ohne allerlei Verwirrung, denn der in der Richtung nach Chalons vor Abänderung der Marschroute abgegangene Quartiermeister war selbstredend nicht zur Stelle gewesen, um die nothwendigen. Vorbereitungen zu treffen. Ich hatte indessen wieder besonderes Glück, denn im Ort wohnte ein Apotheker, der früher einmal in den Vereinigten Staaten gelebt hatte und es gewissermafsen als sein Recht forderte, mich beherbergen zu dürfen. Er machte mich durch seine höchst freigebige Gastfreundschaft thatsächlich zu seinem Schuldner. Vielen Andern sollte es nicht so gut gehen; so erhielt Graf Bismarck Quartier in einem sehr kleinen und unbequemen Hause, wo ich ihm, um etwas Genaueres über die zunächst bevorstehenden Dinge zu erfahren, einen Besuch machte und ihn in einem recht abgerissenen Schlafrock bis über die Ohren in der Arbeit fand. Er safs in einem engen Zimmer, dessen einzige Möblirung aus einem Tisch — an dem er schrieb —, zwei roh gearbeiteten Stühlen und dem dieses Mal in einer Ecke auf der Erde bereiteten, unvermeidlichen Federbett bestand. Auf eine Bemerkung meinerseits über das beschränkte Wesen seines Quartiers erwiderte der Graf mit dem besten Humor der Welt, das sei noch immer gut genug und er befinde sich darin durchaus nicht schlecht. Selbst die Schritte und das Geräusch seiner Kanzleibeamten, die auf dem Boden über ihm untergebracht waren, und das Rasseln der Säbel seiner Ordonnanzen auf dem Hausflur störten ihn nicht. Und er würde, wie er sagte, in der That nicht das Mindeste auszusetzen gehabt haben, wenn nicht eine Abtheilung Soldaten, die man, wie er annehme, seiner Sicherheit halber um das Haus aufgestellt hatte, darauf bestanden hätte, dem Kanzler des Norddeutschen Bundes bei seinem jedesmaligen Erscheinen im Hof ihre Ehrenbezeugung zu erweisen und ihr schützendes Geleit zu geben, was eigentlich sein recht Uebeles habe, da er grade von einer sehr heftigen Ruhr geplagt sei. Trotz dieser Unannehmlichkeit jedoch und inmitten der Correspondenz, mit der er beschäftigt war, nahm er sich in der freundlichsten Weise die Zeit, mir zu bestätigen, dafs diese plötzliche Bewegung nordwärts von Bar-le-Duc in der That das Ergebnifs der Meldung war, dafs Marschall Mac Mahon den Versuch mache, Metz auf dem Wege der belgischen Grenze entlang zu entsetzen — „ein solcher strategischer Fehler," fügte der Kanzler hinzu, „dafs man ihn sich nur in dem Fall zu erklären vermöchte, dafs er in der politischen Lage der Franzosen begründet wäre."

Die ganze Nacht hindurch hielt der Marsch der Armee durch Clermont an, und als ich mit Tagesanbruch mein Bett verliefs, schoben sich die Colonnen noch immer vorwärts, die Mannschaften ermüdet und beschmutzt, wie das bei den letzten Regengüssen und dem durchweichten Zustand der Strafsen erklärlich war. Dessen ungeachtet wurden die Truppen mit aller nur denkbaren Thatkraft vorwärts geschoben, um Mac Mahon und seine Armee abzufangen und dem Marschall eine Schlacht aufzuzwingen, bevor er seine fehlerhafte Bewegung wieder gut machen konnte, für die er übrigens, wie seitdem festgestellt worden ist, persönlich durchaus nicht verantwortlich war.

Nachdem sich der Himmel aufgeklärt hatte, setzte sich das königliche Hauptquartier um 8 Uhr auf Grand Pré zu in Bewegung, wo wir am Nachmittag ankamen und wo ich am Abend wieder die Ehre hatte, bei dem Könige zu speisen. Das Gespräch bei Tische drehte sich natürlich fast ausschliefslich um die Sachlage, wobei jeder seinem Erstaunen über das neueste Vorgehen der Franzosen Ausdruck gab, deren Marsch der belgischen Grenze entlang Napoleon selbst zugeschrieben wurde. Zur Zeit des Schlafengehens herrschte noch grofse Ungewifsheit betreffs der genauen Stellungen der Franzosen, aber schon die Meldungen des nächsten Morgens legten die Möglichkeit einer Schlacht nahe; wir fuhren deshalb etwa zehn englische Meilen nach Buzancy und begaben uns, nachdem wir zu Pferde gestiegen, von hier zur Front.

Die Franzosen standen nicht weit von Buzancy in einer starken Stellung, mit ihrem rechten Flügel nahe Stonne, während der linke über Beaumont hinaus bis in die Wälder sich hinzog. Gegen 10 Uhr rückte der Kronprinz gegen diese Stellung vor, und indem ein Theil seiner Armee den rechten Flügel der Franzosen umging und ihn zu schleunigem Rückzug nöthigte, warf das Centrum und der rechte Flügel sich mit solcher Gewalt auf den Feind, daſs die Deutschen eine der Divisionen des Generals de Failly beim Frühstückskochen überraschten. Die Franzosen flohen Hals über Kopf, ihre Zelte und anderes Lagergeräth zurücklassend. Als ich das von ihnen so ungestüm geräumte Gelände in Augenschein nahm, gewahrte ich überall eine Menge Anzeichen, daſs nicht einmal die allereinfachsten Vorsichtsmaſsregeln getroffen worden waren, um die Divisionen vor Ueberrumpelung zu schützen. Die Artilleriepferde waren nicht angeschirrt, und viele von ihnen waren an der Leine, an der sie die Nacht hindurch befestigt waren, erschossen, während eine Menge Leute mit Laiben Brotes und andern Nahrungsmitteln statt ihrer Musketen in den Händen todt umherlagen. Einige dreifsigtausend Gefangene und nahezu alle Geschütze und Mitrailleusen der Division wurden erbeutet, während die Flüchtlinge verfolgt wurden, bis sie Schutz hinter Douays Corps fanden und der Rest von Faillys Division sich hinter Beaumont geborgen hatte. Am selben Nachmittag fanden verschiedene andere heftige Zusammenstöfse an der Maas statt, aber ich hatte keine Gelegenheit, denselben als Augenzeuge beizuwohnen, und begab mich beim Beginn der Nacht nach Buzancy zurück, wohin während des Tages das Hauptquartier des Königs verlegt worden war.

Am Morgen des 31. August begab sich der König nach Vendresse. Nachdem wir, Forsyth und ich, unsern Wagen zurückgeschickt, bestiegen wir unsere Pferde und ritten in Begleitung eines englischen Edelmannes, des Herzogs von Manchester, über das Schlachtfeld. Der Theil des Feldes, den wir durchkreuzten, war mit Todten beider Armeen überstreut, alle Verwundeten waren bereits in den Krankenhäusern untergebracht. Im Flecken Beaumont begegneten wir mehrern Tausenden gefangener Franzosen, deren abgenutzte Kleidung und sonstiges erschöpftes Aussehen deutlich verrieth, dafs sie grofse und aufreibende Märsche unter den entmuthigendsten Umständen zurückgelegt hatten. Der König erreichte das Dorf kurz nach uns und wir setzten nun zusammen den Weg nach Chemery fort, jenseit dessen Se. Majestät ausstieg, um den Vorbeimarsch der Truppen seines Sohnes abzunehmen, die auf Stonne zu marschirten. In Folge dessen kamen wir erst um 9 Uhr Abends unter Dach; da mir aber dabei die beste Gelegenheit wurde, die deutschen Truppen auf dem Marsche zu sehen, so reute mich die darauf verwendete Zeit durchaus nicht. Sie bewegten sich in nicht sehr geschlossener und etwas unregelmäfsiger Weise in Reihen von je vier Mann vorwärts; der zwischen den einzelnen Reihen befindliche Zwischenraum hatte den Zweck, Raum für einen besondern schwingenden Gang zu schaffen, mit dessen Hülfe die Leute sich mit Leichtigkeit und Schnelligkeit zugleich über den Boden hinwegzusetzen schienen. Kaum irgendwo konnte man ein Schleppen bemerken, und da es kräftige, junge und muntere Burschen waren, die nur leichtes Gepäck trugen — Zündnadelgewehr, Munition, ein kleiner Tornister, eine Wasserflasche und ein Brotbeutel — so kamen sie mit ihrem elastischen Schritt so rasch voran, dafs sie mindestens drei englische Meilen in einer Stunde zurücklegten. Da es gar keinem Zweifel mehr unterliegen konnte, dafs die demoralisirten Franzosen auf Sedan zurückfielen, so begann die deutsche Armee am Abend des 31. August das Werk ihrer Einschliefsung, indem die verschiedenen Corps so aufgestellt wurden, dafs sie das Gelände von Donchery um Raucourt herum bis Carignan deckten. Am nächsten Morgen sollte diese Linie fester um Sedan zusammengezogen werden, und der Kronprinz von Sachsen erhielt deshalb den Befehl, nördlich von Bazeilles, jenseit des rechten Ufers der Maas, Stellung zu nehmen; der Kronprinz von Preufsen dagegen sollte mit seinem rechten Flügel die Maas bei Remilly überschreiten und gegen Bazeilles vorrücken, während sein Centrum gleichzeitig eine Anzahl kleiner Ortschaften anzugreifen hatte, die noch von den Franzosen zwischen dort und Donchery besetzt waren. An letztgenanntem Orte sollte eine starke Reserve stehen bleiben, nachdem das elfte Corps, gefolgt vom fünften Corps und einer Division Cavallerie, auf St. Menges vorgegangen war.

Am nächsten Morgen, am 1. September, brach ich mit Forsyth in aller Frühe auf. In einem dichten Nebel, der aber später hellem Sonnenschein wich, fuhren wir nach dem Dorf Chevenges, wo wir zu Pferde stiegen und in nordöstlicher Richtung auf die Höhen von Frenois und Vadelincourt zuritten, die an das linke Ufer der Maas stofsen und von deren Kamm wir eine gute Aussicht auf die Stadt Sedan und die sie umgebenden Festungswerke hatten, welche, wenn auch ausgedehnt, doch nicht so stark waren, wie die von Metz. Der König und sein Stab hatten bereits auf diesen Höhen Aufstellung genommen, und zwar an einem so gut gewählten Punkte, dafs Se. Majestät die Bewegungen beider Armeen unmittelbar östlich und südlich von Sedan sowie nordwestlich nach Floing und der belgischen Grenze hin übersehen konnte. Der Kampf wurde östlich und westlich von Sedan schon um halb 4 Uhr Morgens von dem rechten Flügel der Deutschen begonnen, ohne dafs es jedoch zu ernstlichen Zusammenstöfsen gekommen wäre, und fast zur selben Stunde griffen die Baiern Bazeilles an. Dieses etwa zwei Meilen südöstlich von Sedan gelegene Dorf bildete einen wichtigen Punkt und wurde deshalb von den Franzosen mit grofser

Hartnäckigkeit vertheidigt, indem sie die Angriffe der Baiern von Strafse zu Strafse und von Haus zu Haus abzuwehren versuchten, bis gegen 10 Uhr nahezu jedes Gebäude des Ortes in Trümmern lag und sie genöthigt waren, den Platz aufzugeben. Der Besitz von Bazeilles ermöglichte den Deutschen, im Osten von Sedan eine ununterbrochene Linie zu bilden, welche sich von der Maas nordwärts durch La Moucelle und Daigny nach Givonne bis nahe an die belgische Grenze erstreckte.

Während Centrum und rechter Flügel der Deutschen in dieser Weise beschäftigt waren, hatte sich auch der linke Flügel entsprechend den Vorschriften des vereinbarten Planes in Bewegung gesetzt. Einige Abtheilungen dieses Truppenkörpers hatten die Maas schon in der Nacht überschritten, und etwas nach 6 Uhr konnte man ihr Vorrücken gerade nördlich vom Dorfe Floing beobachten. Bis dahin waren diese unmittelbar unter den Augen des Kronprinzen vorgehenden Colonnen auf keinen Widerstand gestofsen, und sobald sie den Höhenzug über dem Dorfe erreicht hatten, begannen sie sich auch nach Osten zu auszubreiten, um ihre Verbindung mit der Maas-Armee herzustellen. Dieselbe wurde ohne jede Schwierigkeit bei Illy bewerkstelligt, so dafs in diesem Augenblick die französische Armee vollständig umzingelt war.

Bei dem heftigen Kampfe, der sich jetzt entspann, trieb der Kronprinz die Franzosen durch Floing zurück, und da das Gelände zwischen diesem Dorf und Sedan eine offene wellenförmige Ebene bildet, die man überall übersehen kann, so bot sich jetzt eine seltene Gelegenheit, den der Uebergabe vorangehenden Schlufskampf zu beobachten.

Die Deutschen kamen denn auch bald aus dem kleinen Thal, in welchem Floing liegt, heraus und entfalteten gerade am Rande des Plateaus eine starke Schützenkette, die sich auf eine in nächster Nähe aufgestellte Schlachtlinie stützte. Als diese Plänkler erschienen, hatte sich die Infanterie der Franzosen eben hinter ihre verschanzten Linien zurückgezogen, aber eine starke Abtheilung Cavallerie, welche sich bereits in einer Bodenvertiefung zur Rechten von Floing formirt hatte, stürzte sich jetzt mit schneidiger Wucht auf die Deutschen, durchbrach ohne Aufenthalt die gelockerte Schützenkette und stürmte auf die geschlossenen Abtheilungen ein. Es war ein furchtbares Gemetzel, denn zu den tödtlichen Salven, welche die französische Cavallerie aus den geschlossenen

Bataillonen empfing, gesellte sich jetzt das Feuer der Plänkler, die sich schnell in einzelne Knoten und Trupps gesammelt hatten und von vortheilhaft gelegenen Plätzen aus den Anstürmenden ein wirksames Feuer in den Rücken sandten. Die tapfern Reiter mufsten sich in Folge dessen in aller Eile zurückziehen, aber nur, um sich in der Thaleinsenkung, aus welcher sie herausgekommen waren, aufs neue zu ordnen und den hoffnungslosen Versuch, die Infanterie des deutschen Kronprinzen zu durchbrechen, aufs neue zu unternehmen. Vier Mal erneuerten sie diesen Angriff. Aber ihre Kühnheit und Ausdauer waren umsonst, die durch Truppenzuzug von Floing her mit jeder Minute sich verstärkenden Deutschen begegneten dem vierten Angriff mit einer so dichten und massigen Schlachtlinie, dafs die französischen Reiter, noch ehe sie mit ihnen in Berührung gekommen, zusammenbrachen und sich in die Verschanzungen warfen, hinter denen vom Beginn des Kampfes an grofse Massen Infanterie müfsig gelegen hatten; ein Theil der letztern hätte meiner Ansicht nach in den Kampf geworfen werden müssen. Mit diesem Gefecht waren die wichtigern Actionen um Sedan herum beendet. Zwar unterhielten mit dem engern Zusammenziehen der deutschen Linien deren Batterien immer noch ein mehr oder minder heftiges Feuer und auch das Gewehrfeuer dauerte fort, der schwerste Kampf des Tages aber endete thatsächlich auf dem Plateau von Floing.

Um 3 Uhr befanden sich die Franzosen bereits in einer so verzweifelten und hoffnungslosen Lage, dafs der König Befehl gab, das Feuer einzustellen und ein Mitglied seines Stabes, den Obersten von Bronsart, mit der Aufforderung, sich zu ergeben, an den Gegner abschickte. Gerade als dieser Officier aufbrach, bemerkte ich zum Grafen Bismarck, wahrscheinlich werde der Kaiser Napoleon selbst einen der Preise des Tages bilden, aber der Graf erwiderte ungläubig: „O nein, der alte Fuchs ist zu gerieben, um sich in einer solchen Falle fangen zu lassen; er ist zweifelsohne nach Paris entwischt!" — eine Ansicht, die im Hauptquartier fast allgemein getheilt wurde.

In der Ruhepause, die jetzt eintrat, lud der König eine Anzahl aus seiner Umgebung zum Frühstück, ein Wirth aus der Nähe hatte nämlich einen tüchtigen Imbifs, bestehend aus gutem Brot, Coteletten und Erbsen nebst einem reichlichen Vorrath von Rothwein und Sherry herbeigeschafft. Unter den Theilnehmern befanden sich Prinz Karl,

Bismarck, v. Moltke, v. Roon, der Herzog von Weimar, der Herzog von Coburg, der Grofsherzog von Mecklenburg, Graf Hatzfeldt, Oberst Walter von der englischen Armee, General Forsyth und ich. Der König, der stets gut aufgelegt und liebenswürdig war, war heute in ganz besonders gehobener Stimmung: war doch der Krieg an einem Wendepuncte angelangt, der die vollständige Niederwerfung Frankreichs für die nächste Zukunft in Aussicht stellte.

Zwischen 4 und 5 Uhr kehrte Oberst v. Bronsart von seiner Sendung nach Sedan mit dem Bescheide zurück, dafs der commandirende General der Festung, General Wimpffen, behufs Vermeidung weitern Blutvergiefsens zu wissen wünsche, unter welchen Bedingungen die Uebergabe stattfinden könne. Der Oberst brachte ferner die Nachricht, dafs sich der französische Kaiser thatsächlich in der Stadt befände. Nicht lange nach seiner Rückkehr erschien von Sedan her ein französischer Officier, dem eine weifse Flagge vorangetragen wurde, in Begleitung von zwei deutschen Officieren; sie kamen den Weg zum Standort des Hauptquartiers herauf und blieben etwa hundert Meter vor uns stehen. Hierauf ritt einer der deutschen Officiere heran, um zu melden, der französische Officier sei ein Adjutant Napoleons und überbringe einen eigenhändigen Brief des Kaisers der Franzosen an den König von Preufsen. Der König schritt, von Bismarck, Moltke und Roon gefolgt, eine Strecke voran, und während seine Begleiter stehen blieben, bildete unsere etwa zwanzig Schritt im Hintergrunde befindliche Gruppe eine Linie. Der Abgesandte des Kaisers war inzwischen abgestiegen und eilte entblöfsten Hauptes, hoch in der Rechten den Brief seines Kaisers emporhaltend, dem Könige entgegen. Es war General Reille. Als er den Brief des Kaisers dem Könige einhändigte, begrüfste ihn Se. Majestät mit vollendetster militärischer Förmlichkeit und Höflichkeit. Der Brief enthielt die weltberühmten Zeilen: „Da es mir nicht vergönnt war, an der Spitze meiner Armee zu fallen, bleibt mir nichts übrig, als meinen Degen in Ew. Majestät Hand zu legen." Nachdem der König den Brief gelesen, kehrte er zu Bismarck, Moltke und Roon zurück und dictirte eine Antwort, in der er die Uebergabe Napoleons annahm und den Kaiser ersuchte, einen Officier mit der Vollmacht zur Abschliefsung der Capitulation der Armee namhaft zu machen, während er seinerseits Moltke als deutschen Bevollmächtigten bestellte.

Der König begab sich alsbald nach Vendresse, wo für die Nacht Quartier gemacht war. Inzwischen war es 7 Uhr geworden, die weitern Verhandlungen wurden deshalb auf den Abend verschoben, und da ich in diesem wichtigen Augenblick möglichst in der Nähe des Grafen Bismarck zu sein wünschte, so entschloſs ich mich, mein Quartier in Donchery zu nehmen. Auf dem Wege dorthin begegnete uns der Neffe des Grafen, der uns versicherte, daſs es bei der Ueberfüllung jedes Hauses und jeder Baulichkeit des Ortes mit Verwundeten ganz und gar unmöglich sei, daselbst ein Unterkommen zu finden. Forsyth und ich beschlossen daher, weiter nach Chevenges zu gehen. Andrerseits brachte uns Fürst Bismarck-Bohlen gleichzeitig etwas höchst Tröstliches — nämlich einen ausgezeichneten Cognac. Indem er die Flasche seinem Oheim reichte, sagte er: „Du hast einen harten Tag hinter dir, willst du dich nicht erfrischen?" Der Kanzler setzte die Flasche an die Lippen und rief aus: „Auf die Einheit Deutschlands!" — Worte, die er durch den gurgelnden Ton eines erstaunlich langen und tiefen Zuges bekräftigte. Nachdem sein Neffe die Flasche zurückerhalten hatte, schüttelte er sie und erklärte: „Wir können dir nicht

Bescheid thun — es ist nichts übrig!" worauf der Kanzler schelmisch erwiderte: „Pardon — es ist so dunkel; ich konnte nichts sehen." Etwas aber war doch noch in der Flasche geblieben, wie ich selbst bezeugen kann.

Nachdem wir in Chevenges vergeblich nach unserm Wagen gesucht hatten, nahmen Forsyth und ich Quartier im Hause des Geistlichen. Am Morgen des 2. September setzten wir auf der nach Sedan hinunterführenden Strafse die Forschungen nach dem Wagen fort, jedoch ohne Erfolg. In der Nähe des Festungsthores stiefsen wir auf die deutsche Vorpostenlinie. Einer der Officiere, der unsere Uniformen erkannte — er hatte in unserm Rebellionskriege gedient — trat auf mich zu und redete mich in gutem Englisch an. Während wir uns unterhielten, kam aus dem Thor ein offener Landauer mit zwei Insassen, in deren einem wir den Kaiser Louis Napoleon erkannten. Er trug Generals-Uniform und rauchte eine Cigarette. Der Landauer setzte seinen Weg in gemüthlichem Schritt auf Donchery zu fort, und da hier augenscheinlich Wichtigeres vor sich ging als das Wiederauffinden unseres Rappelkastens, folgten wir in achtungsvoller Entfernung.

Etwa eine Meile von Donchery entfernt

liegt ein aus drei oder vier kleinen Häusern bestehendes Oertchen. Vor dem ersten derselben hielt der Landauer, um, wie wir später sehen sollten, den Grafen Bismarck zu erwarten, mit dem die diplomatischen Abmachungen getroffen werden sollten. Einige Minuten vergingen, bevor der Graf erschien. Napoleon blieb im Wagen sitzen, rauchte ruhig weiter und ertrug mit vollkommener Gelassenheit das Anstarren einer Gruppe deutscher Soldaten, die den gefallenen Feind mit begreiflicher Neugierde und Aufregung betrachteten. Plötzlich wurden Hufschläge vernehmlich: Graf Bismarck trabte die Strafse herauf. An der Kutsche stieg der Graf ab, trat an den Wagenschlag und grüfste den Kaiser schnell und kurz angebunden, sodafs dieser betroffen zu sein schien. Nachdem einige Worte gewechselt waren, bewegte sich die Gesellschaft etwa 100 Meter weiter vor und machte gegenüber dem von jenen Tagen her so berühmten Weberhäuschen Halt. Das Häuschen steht auf der Ostseite der Donchery-Strafse nahe der Stelle, wo diese sich mit dem nach Frénois führenden Wege vereinigt, etwa 20 Schritt hinter der Strafse entfernt. Vor demselben befindet sich eine mit Schlinggewächsen überzogene Mauer, und von einer

Thür in dieser Mauer führt ein um diese Jahreszeit ebenfalls von Schlingpflanzen eingefaſster Weg zur Hausthür.

Nachdem der Kaiser vor der Mauerpforte ausgestiegen war, gingen er und Bismarck zusammen den schmalen Pfad zur Hausthür entlang und traten ein. Nach etwa einer Viertelstunde erschienen sie wieder im Freien und lieſsen sich, nachdem der Weber ihnen ein Paar Stühle herausgebracht hatte, unter freiem Himmel nieder. Hier entspann sich zwischen ihnen eine Unterhaltung, die, nach den Geberden zu schlieſsen, recht lebhaft war. Die Besprechung dauerte eine volle Stunde, und zwar schien Bismarck hauptsächlich ihre Kosten zu tragen. Aber schlieſslich erhob er sich, grüſste den Kaiser und ging nach der Landstraſse hinunter zu seinem Pferde. Als er hier meiner in der Nähe der Pforte ansichtig wurde, trat er einen Augenblick zu mir und fragte mich, ob ich bemerkt hätte, wie betroffen der Kaiser gewesen sei, als er ihn zuerst angesprochen habe, und als ich erwiderte, daſs mir das in der That aufgefallen sei, setzte er hinzu: „Nun, der Grund dafür muſs in meiner Manier und nicht in meinen Worten gelegen haben, denn diese lauteten: Ich grüſse Ew. Majestät, wie ich meinen König grüfsen würde!" Nachdem wir noch einige Minuten geplaudert hatten, theilte der Kanzler mir mit, dafs hier nichts weiter vor sich gehen würde; wir möchten uns nach Schlofs Bellevue begeben, wo die förmliche Uebergabe erfolgen solle. Als Forsyth und ich uns auf den Weg machen wollten, kam eine Anzahl von Officieren aus dem Gefolge des Königs vor dem Weberhäuschen an, und von ihnen hörte ich, dafs im Hauptquartier grofse Meinungsverschiedenheit darüber herrsche, ob sogleich in Sedan Frieden geschlossen werden oder ob der Krieg bis zur Einnahme der französischen Hauptstadt fortgesetzt werden solle. Ich hörte ferner, dafs die militärischen Rathgeber des Königs ein unmittelbares Vorrücken auf Paris nachdrücklichst empfahlen, während der Kanzler es für das Beste hielt, jetzt Frieden zu machen, Elsafs-Lothringen zu behalten und die Zahlung einer riesigen Kriegssteuer zu erzwingen — Gerüchte, die wahrscheinlich ihre gute Begründung hatten, denn ich hatte Bismarck oft sagen hören, dafs Frankreich das reichste Land in Europa wäre und dafs das einzige Mittel, es ruhig zu halten, darin bestehe, seine Taschen zu leeren; nebenbei aber hatte ich auch den Eindruck, dafs er es politisch für rathsam hielt, das Kaiserreich zu erhalten.

Auf unserm Wege nach dem Schloſs Bellevue gewahrten wir eine Anzahl von Artillerie-Officieren, welche ihre Geschütze in aller Eile auf eine besonders günstige Anhöhe, näher an die belagerte Stadt heranbringen liefsen. Als ich mich nach dem Grunde dieser Bewegung erkundigte, hörte ich, daſs General Wimpffen den ihm gestellten Uebergabe-Bedingungen nicht zugestimmt habe; man glaube, er werde es auch später nicht thun und bereite sich infolge dessen zur Wiederaufnahme der Feindseligkeiten vor. Es war den Deutschen furchtbarer Ernst, denn ich zählte 72 Krupp'sche Kanonen in einer ununterbrochenen Linie zwischen Schloss Bellevue und Sedan.

Der Kaiser Napoleon hatte sich vor dem Häuschen des Webers gradeswegs nach Schloſs Bellevue begeben, wo gegen 10 Uhr auch der König von Preufsen in Begleitung des Kronprinzen und verschiedener Mitglieder seines Stabes eintraf. Da Moltke und Wimpffen ihre Meinungsverschiedenheiten vor dem Zusammentreffen der beiden Herrscher beglichen hatten, so waren die Capitulationsbedingungen nach Verlauf einer halben Stunde gezeichnet.

Nach Vollendung der Uebergabe erschien — zur Feier der mit Recht als eine aufserordentliche betrachteten Gelegenheit — der Kronprinz, um unter den vor dem Schlofs angesammelten Officieren den Orden des Eisernen Kreuzes zu vertheilen, von welchem ein höchst freigebig bemessener Vorrath von einer Ordonnanz dem Kronprinzen in einem Korbe nachgetragen wurde. Der König aber liefs Louis Napoleon in dem Schlosse zurück, wo derselbe Mufse hatte, über die Flatterhaftigkeit des Glücks nachzudenken, und begrüfste seine siegreichen Krieger, die ihn mit Hurrahs empfingen, welche die Luft erschütterten und deren Widerhall nicht wenig zu den Qualen beigetragen haben mag, welche die Brust des gefangenen Kaisers durchwühlten.

III.

Paris.

Nach der Uebergabe von Sedan begaben Forsyth und ich uns auf den Weg von Vadelincourt nach Bazeilles, um zu sehen, was auf diesem Theile des Schlachtfeldes vor sich gegangen war. Der Anblick, der sich uns beim Eintritt in das Dorf bot, war wahrhaft fürchterlich. Die meisten Häuser waren schon am Tage vorher in Trümmer niedergebrannt, und die stehen geblieben waren, gingen eben jetzt in Flammen auf, man hatte, weil die in ihnen noch versteckten Franzosen auf Verwundete, die vorübergetragen wurden, geschossen hatten, die Brandfackel an sie gelegt. Die Strafsen waren noch von Todten beider Heere versperrt, und dafs auch die Todten aus den Häusern noch nicht hinausgeschafft waren;

bewies der Geruch brennenden Fleisches, der die Luft schwängerte. Von Bazeilles ritten wir etwa drei Kilometer nordwärts, wo der Kampf vornehmlich in einem Duell zwischen den beiderseitigen Artillerieen bestanden hatte, um uns hier über die Wirksamkeit der Kruppschen Geschütze zu unterrichten. Eine Zählung aller durch das deutsche Artilleriefeuer getödteten Franzosen, an denen wir vorüberkamen, ergab etwa dreihundert, eine aufserordentlich kleine Zahl, in der That nicht mehr als ein Todter auf jede Kruppsche Kanone, die auf dieser Strecke thätig gewesen. Aber in welchem Mifsverhältnifs diese Todtenzahl auch zu dem fürchterlichen sechsstündigen Geschützfeuer stand und wie gering sie auch an sich war, so war doch der Anblick, den die zerrissenen und zermalmten Leichen boten, so entsetzlich, dafs wir nach Bazeilles zurückkehrten, ohne weiter als bis Givonne gekommen zu sein.

In Bazeilles trafen wir den König in Begleitung des Grafen Bismarck und eines Theiles seines Stabes. Auch sie hatten das Schlachtfeld abgeritten, eine Gepflogenheit, die Se. Majestät sich zur Regel gemacht hatte, um sich persönlich davon zu überzeugen, dafs die Verwundeten nicht vernachlässigt würden. Unsern Weg nach Chevenges fortsetzend, entdeckten wir auch die erste Spur von unserm Wagen, den wir vor zwei Tagen aus den Augen verloren hatten; er war in den Schlachtdienst eingestellt worden, um verwundete Officiere während des Kampfes hinter die Linien zu bringen, und sollte sich zur Zeit in dem Hause zu Vendresse befinden, wo wir die Nacht vom 31. im Quartier gewesen. Wir beschlossen auf diese Nachricht hin, uns sofort auf den Weg nach Vendresse zu machen und dort unser nächstes Quartier zu nehmen. Aber da unser guter Freund, der Geistliche, darauf bestand, dafs wir bei ihm übernachten sollten, so blieben wir bis zum nächsten Morgen in Chevenges.

Am 3. September verlegte der König sein Hauptquartier von Chevenges nach Rethel, wo er zwei Tage blieb, während die deutschen Truppen in der Stärke von 240,000 Mann geradenwegs auf Paris vorzurücken begannen. Die Franzosen hatten dieser ungeheuren Macht nur ganz geringe Streitkräfte entgegenzusetzen — alles in allem vielleicht 50,000 Mann regulärer Truppen. Der Rest ihres glänzenden Heeres war gefangen gehalten oder in den Festungen Metz, Strafsburg und anderwärts eingeschlossen, dank den in der Geschichte ohne Gleichen dastehenden Fehlern und Mifsgriffen, für welche Napoleon und die Pariser Regentschaft verantwortlich gemacht werden müssen. Der erste dieser groben Fehler war die Schlacht von Wörth, wo Mac Mahon, bevor seine Armee noch auf wirklichem Kriegsfufs war, eine Schlacht gegen den Kronprinzen annehmen mufste, in der er 50,000 Mann gegen einen Feind von 175,000 Mann in's Feld führte; der nächste war das Festsetzen Bazaines auf der Basis von Metz und die Thorheit, mit der er sich auf diese Basis zurückwerfen liefs, solange sich ihm noch die Möglichkeit bot, seine Streitkräfte mit denen Mac Mahons bei Chalons zu vereinigen; der dritte und schwerste der Mifsgriffe war Mac Mahons Vormarsch zum Entsatz von Metz unter dem gleichzeitigen Versuch, mit 140,000 Mann der belgischen Grenze entlang durchzuschlüpfen. Der Gedanke an das alles mufs einen empören und krank machen, und vor allem der Gedanke daran, dafs Bazaine nach Metz — in einen Platz, der, wenn überhaupt so viel, höchstens 25,000 Mann halten konnte — eine Armee von 180,000 Mann lediglich aus dem Grunde warf, dafs sich daselbst „eine grofse Ansammlung von Vorräthen" befand.

Ich kann nicht glauben, daſs es ihm, dem die ganzen Hülfsquellen des reichen Frankreichs zur Verfügung standen, mit dieser Erklärung aufrichtiger Ernst war; ich bin vielmehr der Ansicht, daſs dieses Vorgehen Bazaines ihm von Napoleon III. mehr mit dem Hintergedanken an die Aufrechterhaltung seiner Dynastie als zum Besten Frankreichs eingegeben worden war!

Wie ich schon früher einmal bemerkte, war Bismarck durchaus nicht dafür, daſs die deutschen Armeen nach der Schlacht von Sedan gleich auf Paris marschiren sollten. Ich glaube, er sah die Errichtung einer Republik voraus und fürchtete dieselbe, während er für den Fall, daſs gleich nach Sedan Frieden geschlossen worden wäre, die Hoffnung hegte, daſs das Kaiserthum in der Person des kaiserlichen Prinzen fortgesetzt werden könne, der dann in der Erinnerung, daſs er den Thron dem Einfluſs der Deutschen verdanke, in seinen Händen fügsam sein würde. Diese Ansichten kamen häufig im Privatgespräch und auch öffentlich zum Ausdruck; so erinnere ich mich einer besondern Gelegenheit bei einem Essen in Rheims, wo sich der Kanzler aufs rückhaltloseste in dieser Weise aussprach. Aber selbst er vermochte den Marsch nach Paris nicht zu verhindern, es war unmöglich, den von ihrem Erfolge berauschten Deutschen ein Halt zuzurufen. „Nach Paris!" ward von den Soldaten auf jede Thür, auf jedes Zaunbret längs des Weges nach der Hauptstadt geschrieben, und der Gedanke an einen Siegeseinzug durch die Champs Elysées beherrschte das Fühlen und Denken jedes deutschen Soldaten vom höchsten bis zum niedrigsten.

Am 5. September brachen wir nach Rheims auf. Hier sollten die Deutschen, wie es hiefs, auf starken Widerstand stofsen, da die Franzosen entschlossen seien, die Stadt bis auf den letzten Mann zu vertheidigen. Aber das sollte sich alles als leere Redensart herausstellen, wie es in der Regel bei diesen hochtönenden Versicherungen vom „letzten Mann im letzten Graben" der Fall ist, denn schon bei der Annäherung der ersten Ulanen räumte die Besatzung die Stadt. Es ereignete sich, soweit ich in Erfahrung brachte, nur ein einziger kriegerischer Zwischenfall bei der Besetzung der Stadt, er betraf einen Ulanen, welcher durch einen bereits nach der Einnahme abgegebenen Schufs verwundet wurde — ein Treubruch, der durch Ausschreibung einer Kriegssteuer von mehreren Hundert Flaschen Champagner bestraft wurde. Dieselben wurden in den Hauptquartieren vertheilt und bildeten, wie ich glaube, die einzige Beschlagnahme, die in dieser Stadt erfolgte, denn obgleich Rheims, der Mittelpunkt des Champagnerbezirks, zur Zeit wohlgefüllte Kellereien hatte, so erfreuten sich doch die meisten derselben, weil sie Eigenthum deutscher Geschäftshäuser waren, jeder Art von Schutz.

Die Umgegend von Rheims hat ein weißes Aussehen, sie ist von kalkiger Beschaffenheit und höchst unfruchtbar, aber die Anordnung in Terrassen und künstliche Düngung haben bewirkt, daß dort die Champagnertraube in solcher Fülle gedeiht, daß die einst für ganz werthlos angesehene und von den dortigen Bauern nur als „die Lause-Champagne" bezeichnete Gegend jetzt dicht bevölkert ist. Wir blieben in Rheims acht Tage und hatten während dieser Zeit dank der Gefälligkeit des amerikanischen Consuls — des Herrn Adolph Gill — das Vergnügen, nicht nur alle berühmten Weinkeller der Stadt zu besichtigen, sondern auch das ganze Verfahren der Champagnerbereitung vom Auspessen des Traubensaftes bis zu der letzten Herrichtung kennen zu lernen. Auch alle sonstigen Sehenswürdigkeiten der Stadt wurden uns durch Herrn Gill zugänglich gemacht, und so vergingen uns die Tage schnell genug, obgleich der unablässig herabströmende Regen unser Vergnügen etwas beeinträchtigte.

Für drei oder vier Tage erfüllten allerlei Gerüchte die Luft über Vorgänge, die sich in Paris ereignet haben sollten. Am 9. erfuhr ich aus Graf Bismarcks eigenem Munde, dafs die Regentschaft der Kaiserin Eugenie am 4. gestürzt worden und dafs die Kaiserin nach Belgien entkommen sei. Der König von Preufsen habe ihr eine Zuflucht bei dem Kaiser auf Wilhelmshöhe angeboten, „wohin sie", wie der Kanzler wörtlich hinzusetzte, „gehen sollte, denn ihr richtiger Platz ist bei ihrem Manne", aber er fürchte, dafs sie das Anerbieten nicht annehmen werde. Gleichzeitig theilte er mir mit, Jules Favre, das Haupt der provisorischen Regierung, habe ihm den Vorschlag gemacht, dafs jetzt nach dem Sturz des Kaiserreichs Friede geschlossen werden und Deutschland seine Truppen zurückziehen solle, dafs jedoch er, Bismarck, nachgerade ebenfalls die Unmöglichkeit anerkennen müsse, dies vor erfolgter Einnahme von Paris zu thun, denn obgleich er selbst sofort nach der Uebergabe der französischen Armee bei Sedan den Frieden gewünscht habe, so hätten es ihm doch die letzten Tage klar gemacht, dafs die Truppen sich ohne den Besitz von Paris nicht zufrieden geben würden, welche Regierungsform die Franzosen schliefslich auch annehmen möchten.

Da die deutsche Armee bei ihrem Marsch nach Paris auf keinerlei Hindernifs stiefs, so näherte sie sich der Hauptstadt mit erschreckender Schnelligkeit, und schon am 14. September rückte das königliche Hauptquartier auf einer schönen, macadamisirten Strafse in Chateau Thierry ein, um am 15. nach dem etwa 45 Kilometer von Paris liegenden Meaux überzusiedeln, wo wir, um die Wiederherstellung von ein paar Eisenbahn- und Canalbrücken abzuwarten, vier Tage Aufenthalt hatten. Die Stadt Meaux hat eine gewerbthätige Bevölkerung von etwa 10,000 Seelen, deren Geschäft in Friedenszeiten, dank der guten Wasserkräfte für Mühlen, welche die Stadt besitzt, vornehmlich darin besteht, den Pariser Markt mit Mehl zu versorgen. Diese Mühlen wurden jetzt Tag und Nacht in Gang erhalten, um die deutsche Armee mit Brot zu versorgen, und es war nicht wenig befremdlich, zu sehen, mit welchem Eifer Franzosen daran arbeiteten, den Magen ihrer Erzfeinde zu füllen, und mit welcher Behendigkeit der Bürgermeister und die andern Stadtbeamten allen Erhebungen von Wein, Käse, Kutscher-Anzügen, Reitpeitschen und selbst jungen Tauben nachkamen. Während unseres Aufenthalts in Meaux machte der englische Gesandte in Paris, Lord Lyons, den Versuch, eine Beendigung der Feindseligkeiten herbeizuführen, indem er zu diesem Zweck durch den Gesandtschaftssecretär, Herrn Edward Malet, dem Grafen Bismarck seine Vermittlerdienste anbot. Der Kanzler erklärte jedoch, er könne sich darauf nicht einlassen, denn er nehme an, dafs das Anerbieten des britischen Gesandten durch Jules Favre veranlafst worden sei, und glaube, dieser wolle die Deutschen lediglich behufs Gewinnung eines Aufschubs mit Hülfe einer dritten Macht in Verhandlungen hineinziehen.

Am Vormittag des 19. September nahm der König sein Hauptquartier im Schlofs Ferrières, der Besitzung der Familie Rothschild, wo Napoleon III. in der Zeit seines Glücks so manchen fröhlichen Tag als Gast verbracht hatte. Wie uns gesagt wurde, hatte Se. Majestät auf den Vorschlag und das Ersuchen der Besitzer selbst hier sein Hauptquartier aufgeschlagen, so dafs durch seine königliche Gegenwart das prachtvolle Schlofs und seine Kunstschätze aufs zweifelloseste vor aller Schädigung und Zerstörung gesichert werden möchten,

Das ganze übrige Gefolge des Königs, mit Ausnahme seiner unmittelbaren Umgebung, erhielt Quartiere in Lagny angewiesen, und während Forsyth und ich in Begleitung Sir Henry Havelocks von der britischen Armee dorthin fuhren, begegneten wir auf der Heerstrafse nach Meaux dem Vertreter der französischen National-Vertheidigung und Regierung Jules Favre. Unter Vorritt eines Trägers einer weifsen Flagge und in Gesellschaft nur eines einzigen Begleiters suchte er hier zweifelsohne auf den vom Kanzler am 17. durch den englischen Gesandtschaftssecretär nach Paris geschickten Brief hin nach dem Grafen Bismarck. 700—800 Meter weiterhin trafen wir diesen selbst. Auch er befand sich auf dem Wege nach Meaux, war jedoch übler Stimmung, die, wie es schien, sich daher schrieb, dafs er den französischen Bevollmächtigten nicht an dem Orte angetroffen, wo die Zusammenkunft verabredet war. Er hielt einen Augenblick bei uns an und bemerkte, „die Luft schwirre von Lügen und bei der Armee befänden sich eine Menge Personen, die sich um Dinge kümmerten, welche sie nichts angingen".

Die Armeen der Kronprinzen von Preufsen und Sachsen waren inzwischen vor Paris angekommen. Sie waren von Sedan aus hauptsächlich auf zwei Wegen vorgerückt. Der Kronprinz von Sachsen auf der nördlichen Linie über Laon und Soissons, der Kronprinz von Preufsen auf dem südlichen Wege, indem sein rechter Flügel auf dem Nordufer der Marne vordrang, während sein linker Flügel und das Centrum auf den Wegen zwischen der Marne und der Seine der französischen Hauptstadt sich näherten.

Der Vormarsch dieser Armeen stiefs auf keinen irgendwie der Rede werthen Widerstand, und da die von beiden Heersäulen eingeschlagenen Wege durch Gegenden führten, welche von allen zu ihrer Erhaltung nothwendigen Dingen strotzten, so wollte mir ein derartiger Feldzug mehr wie ein riesiges Picknick denn als ein wirklicher Krieg erscheinen. Das Land lieferte allerwärts Brot, Fleisch und Wein in Hülle und Fülle, und die saubern Dörfer, nie weiter als eine oder zwei englische Meilen von einander entfernt, boten stets ein Unterkommen. In Eolge dessen konnte man ohne die ungeheuren Wagenzüge fertig werden, welche für Armeen, die in dünn besiedelten

Gegenden sich zu bewegen haben, zur Beförderung von Lebensmitteln und Lagergeräthen unerläfslich sind, und so waren die einzigen „impedimenta" der Deutschen die Wagen, die den Schiefsbedarf, die Brückenboote und den Feldtelegraphen trugen.

Am Morgen des 20. brach ich in Begleitung Forsyths und Sir Henry Havelocks auf und schlug den Weg über Boissy St. George, Boissy St. Martins und Noisy le Grand nach Brie ein. Nahezu jeder fufsbreit Weges war mit Bruchstücken von Weinflaschen bestreut, die von den Truppen geleert und dann fortgeworfen worden waren. Die Strafse war buchstäblich mit Glas gepflastert und die Menge des genossenen Weines mufste ungeheuer gewesen sein. Auf dem ganzen Wege von Sedan lagen die zerbrochenen Flaschen in zwei fast ununterbrochenen Reihen zu beiden Seiten der Strafse, aber das war nur eine Kleinigkeit im Vergleich zu dem, was wir um Brie herum sahen.

In Brie wurden wir vom deutschen Commandanten des Platzes in Empfang genommen. Er bewirthete uns in der gastlichsten Weise. Nach einer Stunde eilte ich, geführt von einem Lieutenant, meinen Begleitern voraus, um einen Punkt der Vorpostenlinie zu erreichen, von dem aus ich einen guten Ausblick auf die Franzosen zu haben erwartete, denn ihre Schützengräben befanden sich nur ein paar hundert Meter davon, jenseit der Marne, und gleich hinter diesen Schützengräben war die Hauptlinie. Als der Lieutenant und ich durch das Dorf ritten, wurden wir von einigen Soldaten gewarnt und uns gerathen, beim Ueberschreiten einiger offenen Strafsen unsere Pferde aus Leibeskräften drauf los laufen zu lassen. Als wir an die erste Strafse kamen, die wir zu kreuzen hatten, galoppirte mein Begleiter voraus, um mir den Weg zu zeigen. Da nun die Franzosen eine derartige Erscheinung an so gefährlichen Stellen nicht erwartet haben mochten, so knallten nur ein paar aufs Gerathewohl abgegebene Schüsse hinter ihm her; als ich jedoch folgte, erwiesen sie sich der Gelegenheit bereits gewachsen und gaben jedesmal eine Salve ab, sobald sie mich in den Strafsenöffnungen erscheinen sahen; in ihrer Aufregung schossen sie indessen zu meinem Glück zu hoch. Als ich neben meinem Führer im Schutz des Uferhügels, auf dem der deutsche Posten aufgestellt war, anlangte und die Zügel anzog, standen mir die Haare zu Berge, der Schrecken war mir in die Glieder gefahren.

Mein erster Gedanke galt jetzt Havelock und Forsyth in der Hoffnung, dafs sie uns nicht folgen würden; nachdem sie gesehen hatten, wie es uns gegangen war, kamen sie denn auch in der That zu der weisen Einsicht, dafs die französischen Schützengräben sie eigentlich gar nicht so sehr interessirten.

Nachdem ich den Hügel erklommen hatte, war ich nicht wenig enttäuscht; mit Ausnahme der vorgeschobenen Schützengräben jenseit des Flusses und hinter ihnen das Fort Nogent sah ich so gut wie nichts. Sicherlich nicht genug, um einen Nichtkämpfer für das Wagnifs, sein Leben derartig aufs Spiel zu setzen, zu entschädigen. Die nächste Frage war jetzt die der Rückkehr, und da ich entschlossen war, mich nicht nochmals den Gefahren preiszugeben, so schlug ich vor, bis zur Dunkelheit zu warten; aber zu meinem gröfsten Erstaunen unterrichtete mich mein Führer, dafs es hier noch einen andern vollkommen sichern Weg gebe, auf dem wir zurückkehren könnten. Ich fragte ihn, warum wir denselben nicht für den Herritt gewählt hätten, und erhielt die Antwort, dafs er denselben für zu lang und zu umständlich gehalten. Darauf hatte ich nichts zu erwidern, aber ich konnte mich der Vermuthung nicht entschlagen, dafs das nicht der einzige Grund gewesen; der junge Mann war nämlich in den frühen Morgenstunden behülflich gewesen, einige von den vielen Weinflaschen zu lehren, die ich bei Brie gesehen und hatte in Folge dessen noch etwas mehr als den üblichen „deutschen Muck", — war noch etwas beherzter gewesen, als er es unter gewöhnlichen Umständen für nöthig befunden hätte.

Ich ritt auf dem „langen und umständlichen" Wege nach Brie zurück und fand dort auf meine Erkundigung hin Havelock, der auf mich wartete, um mich nach dem Dorfe Villiers zu begleiten, wohin man, wie er sagte, Forsyth berufen habe, damit er einige Erklärungen über seinen Pafs gebe, der, wie es schien, den gestellten Anforderungen nicht ganz entsprach. Da Havelock ein englisches Jagdpferd ritt und mir eine Probe von des Thieres Dressur und Leistungsfähigkeit zu geben wünschte, so schlug er einen Weg quer über Gräben und Zäune ein. Mein Pferd hatte jedoch nie hinter einer Meute hergesetzt und bot keine Sicherheit für derartige Versuche, so dafs ich, nachdem ich ein oder zwei niedrige Hindernisse probirt hatte, mich entschlofs, meinen Freund auf seinen Abwegen sich selbst zu überlassen, ein Entschluſs, der mir um so verständiger schien, als ich schon ein paar Augenblicke später beide, Roſs und Reiter, vor einem Graben mit hoher Steinmauer stürzen sah. Nach diesem Unfall, der glücklicherweise ohne weitere üble Folgen verlief, dachte ich, Sir Henry werde den Spaſs aufgeben; aber durch das erste Miſslingen noch mehr angespornt, nahm er eine Minute später die Mauer so glatt, wie man es nur wünschen konnte, und ritt querfeldein den nächsten Dörfern zu. Ich für meine Person folgte der Landstraſse und bog dann auf einem guten Feldwege nach Villiers ab. Ich gerieth dabei in einen groſsen Weingarten, und nachdem ich ein paar Hundert Meter zwischen Weinstöcken hin geritten war, sah ich mich plötzlich einer deutschen Feldwache gegenüber. Der Posten legte sofort auf mich an, ich aber sprang, meines Rézonviller Erlebnisses eingedenk, bei dem ich meiner Uniform halber für einen französischen Officier gehalten worden war, zum Zeichen meiner Ergebung aus dem Sattel. Meine Handlungsweise wurde richtig gedeutet, der Posten setzte ab. Mein nächster Gedanke war an des Königs Paſs und ich fuhr mit der Hand in meine Tuchbluse, um dieses wichtige Schriftstück hervorzuziehen;

da jedoch diese Bewegung für einen Griff nach meiner Pistole genommen wurde, so zielte plötzlich die ganze Mannschaft — etwa zehn an der Zahl — aufs neue und zugleich unter so lärmender Aufforderung, mich ohne weiteres zu ergeben, dafs ich schleunigst die Arme in die Höhe streckte und in ihre Reihen hinüberlief. Der den Posten befehligende Officier trat mir entgegen, prüfte mein Beglaubigungsschreiben und liefs mich, als er sah, dafs es vom Könige von Preufsen selbst unterzeichnet war, sofort frei, indem er zugleich befahl, mein Pferd wieder einzufangen. Ich wurde nach dem Quartier des Commandanten geleitet, wo ich Forsyth fand, dessen Pafs inzwischen regelrecht visirt worden war und der sich jetzt seelenvergnügt an Käse und Bier gütlich that. Havelock, der vor mir in dem Dorfe angekommen war, leistete Forsyth dabei Gesellschaft und auch ich schlofs mich ihnen an, denn der Ritt hatte mir statt eines sonstigen Ergebnisses wenigstens einen Wolfshunger eingetragen.

Spät am Abend des nämlichen Tages, des 20., begaben wir uns wieder in unser altes Nachtquartier Lagny, und früh am nächsten Morgen stattete ich dem königlichen Hauptquartier in Ferrières einen Besuch ab, wo grofse Freude über einen eben nahe bei Meudon errungenen wichtigen Sieg herrschte, den das fünfte preufsische und zweite bairische Corps über etwa 30,000 Mann Franzosen unter General Ducrot erfochten hatten. Ducrot hatte aufs hartnäckigste in der Nähe von Meudon für zwei oder drei Tage eine Stellung behauptet und den Deutschen dadurch arge Verlegenheit bereitet, dafs er sie hinderte, eine wichtige Lücke in ihrer Einschliefsungslinie im Südwesten von Paris auszufüllen. In diesem letzten Gefecht aber war er mit so schweren Verlusten zurückgeworfen worden, dafs es ihm unmöglich wurde, seinen Posten länger zu halten. Jetzt war der Kronprinz von Preussen in Stand gesetzt, seinen linken Flügel ohne Gefahr bis Bougival, nördlich von Versailles, vorzuschieben und sich hier, wenn alles gut ging, an den rechten Flügel des Kronprinzen von Sachsen, welcher bereits bei Denil, nördlich von St. Denis stand, anzuschliefsen. Die Meldung von der Niederlage Ducrots wurde im deutschen Lager mit um so gröfserm Jubel begrüfst, als gleichzeitig an demselben Morgen noch die weitere Nachricht eingegangen war, dafs zwischen Bazaine und dem Prinzen Friedrich Karl ein Schriftwechsel wegen der etwaigen Uebergabe von Metz begonnen habe. Der Fall von Metz würde der ganzen zweiten Armee der Deutschen gestattet haben, sich an der Belagerung von Paris zu betheiligen.

Nachdem ich mich überzeugt hatte, dafs die Einschliefsung nahezu vollendet war, beschlofs ich, mein Quartier in Versailles aufzuschlagen, und brach am 22. dorthin auf. Auf dem Wege machten wir in Noisy le Grand einen Aufenthalt, um mit einigen deutschen Artillerie-Officieren, deren Bekanntschaft wir am Tage der Uebergabe von Sedan gemacht hatten, ein Frühstück einzunehmen. Während desselben bemerkte ich auf zwei Häusern in unserer Nähe amerikanische Flaggen. Auf meine Frage, was das zu bedeuten habe, wurde ich beschieden, dafs man diese Flaggen zum Schutz der Gebäude aufgezogen habe, da die Eigenthümer amerikanische Bürger seien, welche in ihrer Furcht vor den Deutschen ihr Eigenthum im Stich gelassen hätten, und statt draufsen zu bleiben, nach Paris geflüchtet seien, — „sehr thörichter Weise," setzten unsere Gastfreunde hinzu, „denn hier hätten sie zu essen und zu trinken in Fülle bekommen können und wären vor jeder Belästigung vollkommen sicher gewesen."

Wir kamen in Versailles etwa um 7 Uhr

Abends an und nahmen im Hotel Reservoir Wohnung, wo wir auch einige amerikanische Familien antrafen. Der kleine amerikanische Kreis, der sich hier bildete, wurde ein paar Tage später durch den General Wm. B. Hazen von unserer Armee, den General Ambrose E. Burnside und Herrn Paul Forbes vergröfsert. Burnside und Forbes waren begierig, etwas vom Kriege auf französischer Seite zu sehen. Graf Bismarck bewilligte ihnen einen Durchlafsschein, und sie brachen auf dem Wege über Sèvres nach Paris auf. Forsyth und ich begleiteten sie bis zum Schlofs von St. Cloud, das wir trotz des strengen Verbots gegen den Besuch von Fremden in Augenschein zu nehmen gedachten. Wir stiefsen denn auch auf viele Schwierigkeiten, aber mit Hülfe des bewährten Sesams, den wir in dem Geleitschein des Königs besafsen, gelang es uns schliefslich, Zutritt zu dem Schlofs zu erhalten, freilich nur, um zu unserer gröfsten Enttäuschung die Wahrnehmung zu machen, dafs alle Gemälde aus den Rahmen genommen und nach Paris überführt worden waren, mit Ausnahme eines einzigen — eines Bildnisses der Königin Victoria, gegen welche die Franzosen eben damals aufs höchste aufgebracht waren. Auch alle sonstigen Kunstgegenstände waren entfernt worden, übrigens ein sehr glücklicher Umstand, denn da das Schloſs unmittelbar auf der deutschen Linie lag, so wurde es von den Kanonen der Festung des Mont Valérien bestrichen und ein paar Tage später niedergebrannt.

Nach kaum acht Tagen kehrten Forbes und Burnside aus Paris zurück. Sie theilten uns mit, daſs sie allerlei Interessantes gesehen und erlebt hätten, waren aber in Betreff von Einzelheiten äuſserst schweigsam. Sie behaupteten, General Trochu sei so rücksichtsvoll gegen sie gewesen, einen Ausfall hinauszuschieben, um ihnen Zeit zur Rückkehr zu geben — eine Angabe, die wir natürlich nicht so recht zu verdauen vermochten. Ein paar Tage später gingen sie aufs neue nach Paris, und nun fing ich an, den Verdacht zu schöpfen, daſs sie die Rolle von Vermittlern zu spielen versuchten und daſs Graf Bismarck ihre Eitelkeit mit Erlaubnisscheinen, die Linien zu passiren, nährte, wofür er seinen vollen Werth in Nachrichten über den Stand der Dinge in der belagerten Stadt herausbekam.

Seit Anfang October waren die Deutschen damit beschäftigt, ihre Umschlieſsungslinien undurchbrechbar zu machen, indem sie ihre

Reserven, Belagerungsgeschütze und dergleichen heranzogen und vorschoben, während die Franzosen fortfuhren, die Nationalgarden einzuüben und zu discipliniren und die herrschende Eintönigkeit gelegentlich durch einen mehr oder minder lebhaften, stets aber gleich fruchtlosen Ausfall zu unterbrechen. Der bemerkenswertheste dieser Ausfälle war der, den General Vinoy in der Richtung der Höhen von Clamart versuchte; sein Ergebnis war, dafs die Belagerer die Franzosen in vernichtender Weise zurückwarfen. Nach diesem Ausfalle trat eine fast ununterbrochene, nur hier und da durch ein Scharmützel gestörte Ruhe ein; und da es bald klar ward, dafs die Deutschen nicht die Absicht hatten, die Hauptstadt anzugreifen, sondern vielmehr ihre Uebergabe durch Aushungern herbeizuführen, so beschlofs ich, mich beim Grafen Bismarck zu erkundigen, wann etwa man das Ende erwarte; in der Zwischenzeit gedachte ich einen kleinen Ausflug in einige vom Kriege nicht beunruhigte Theile Europas zu machen und dann bei der Capitulation wieder zur Hand zu sein. Nachdem Graf Bismarck mich in liebenswürdiger Weise über den wahrscheinlichen Zeitpunct der Einnahme der Hauptstadt unterrichtet hatte, verliefsen Forsyth und ich am 14. October Versailles, indem wir uns zuerst nach Schlofs Ferrières begaben, um dem König unsere Ehrfurcht zu bezeigen. Wir frühstückten mit Sr. Majestät und fuhren vom Schlosse nach Meaux und von dort am nächsten Morgen über Epernay, Rheims und Rethel nach Sedan und erreichten am 18. Brüssel.....*

Es war zur Zeit des Ramadan, als wir in der türkischen Hauptstadt ankamen, d. h. in jener etwa einen Monat dauernden Zeit des Jahres, für welche der Koran ein strenges tägliches Fasten vom Sonnenaufgang bis zum Sonnenuntergang vorschreibt. Alle „Gläubigen" waren daher mit ihrem Seelenheil etwa in der Art beschäftigt, wie dies in Amerika bei einem „Revival" der Fall ist. Es war daher auch keine Möglichkeit, dem Sultan Abdul Aziz vorgestellt zu werden, da es demselben während dieser Bufszeit untersagt ist, Ungläubige zu empfangen, ja, mit Ausnahme der Würdenträger seines Haushalts, überhaupt irgend Jemanden zu sehen. Nichtsdestoweniger brachte mir der Grofsvezir verschiedene Willkommensgrüfse

---

*) Ich übergehe die Beschreibung der Reise nach Dresden, Wien, Pest und Bukarest, weil sie kein allgemeines Interesse bietet. Der Uebersetzer.

und richtete es ein, dafs ich Se. grofsherrliche Majestät auf der Esplanade sehen und begrüfsen konnte, wenn sie sich zu Pferde nach der Moschee begeben würde.

Dieser Verabredung gemäfs fuhr mich der Grofsvezir in einer Kutsche nach der Esplanade, wo wir etwa in der Mitte des Weges eine Stunde vor dem Erscheinen des Sultans Aufstellung nahmen. Kurz nachdem wir eingetroffen waren, kamen die Wagen mit den Frauen aus des Sultans Harem aus dem Innern des Palastes heraus und fuhren den Weg auf und nieder. Nur wenige der Frauen waren dicht verschleiert; die Mehrheit trug lediglich einen Streifen weifser Spitze, welcher die Stirn bis zu den Augenbrauen herab bedeckte. Einige hatten gelbe, einige weifse Gesichtsfarbe — Typen der mongolischen und kaukasischen Rasse. Hier und da bemerkte ich auch ein hübsches Gesicht, aber nur selten ein wirklich schönes. Manche waren fast dick zu nennen, sie waren am tiefsten verschleiert, weil sie, wie ich annahm, für die gröfsten Schönheiten galten, da bei den Türken Fettleibigkeit eine der Hauptbedingungen der Schönheit ist. Während die Kutschen auf und ab fuhren, gestattete sich hin und wieder eine der Insassinnen eine kleine Koketterie, indem sie uns verstohlen einladende Seitenblicke zuwarfen, Kufshände nach uns hinüberschickten oder Schnüre von Bernsteinperlen schwangen mit Geberden, die zu sagen schienen: „Warum folgt ihr uns nicht?" Aber selbst beim besten Willen hätten wir der Aufforderung nicht Folge leisten können, denn die Esplanade war in ihrer ganzen Länge von Soldaten eingesäumt, deren besonderer Zweck darin bestand, zunächst den Harem und später den Sultan auf seiner Pilgerfahrt nach der Moschee zu bewachen.

Da allmählich die Zeit heranrückte, dafs Se. grofsherrliche Majestät erscheinen sollte, so fuhren die Kutschen mit den Haremsdamen nach dem von einer hohen Mauer eingefafsten Palast zurück, so dafs jetzt die ganze Esplanade, mit Ausnahme der Soldaten, gesäubert war. Und nun kam zwischen den beiden einander mit den Gesichtern zugekehrten Reihen derselben der Sultan auf einer weifsen Stute — einem echten Araber von grofser Schönheit — herangeritten; ihm zur Seite ritt sein Sohn, ein zehn- oder zwölfjähriger Knabe, auf einem Pony, der im Kleinen ein genaues Abbild des väterlichen Rosses war; beide von einer zahlreichen Leibgarde in prachtvoller morgenländischer Gewandung geleitet. Als der

Zug an unserm Wagen vorbeikam, stand ich, wie vorher verabredet worden, auf und nahm meinen Hut ab, worauf der Sultan meinen Grufs sofort dadurch erwiderte, dafs er die Hand nach der Stirn erhob. Das war alles, was ich von ihm sah, aber ich empfing alle Arten von Aufmerksamkeiten. Mir wurde gestattet, verschiedene seiner Truppen zu besichtigen und die Zeughäuser, Ausrüstungsmagazine und andere militärische Anstalten in der Nähe von Konstantinopel in Augenschein zu nehmen. Dadurch machte ich die Bekanntschaft vieler hohen Beamten des Kaiserreichs. Unter andern Auszeichnungen, welche mir auf des Sultans Veranlassung zu Theil wurden und die ich dankbar annahm, befand sich eine Parade aller damals in Stambul anwesenden Truppen — etwa 6000 Mann — Infanterie, Cavallerie und Artillerie. Die Truppen machten den besten Eindruck, sie waren gut bewaffnet, gut bekleidet und die einzelnen Leute grofse und kräftige Gestalten. Nach der Parade wohnten wir einem grofsen militärischen Festmahl bei, welches der Grofsvezir gab. Zur festgesetzten Stunde begaben wir uns in das Palais des Vezirs und fanden in dem grofsen Empfangszimmer bereits alle geladenen Gäste versammelt. Einige sprachen französisch und mit diesen brachten wir den gelegentlichen Austausch einer Bemerkung zu Stande; da aber die grofse Mehrheit sich hartnäckig in Stillschweigen hüllte, verlief der Empfang unleugbar etwas steif. Kurz bevor zum Essen gerufen wurde, begaben sich alle türkischen Officiere in ein anstofsendes Zimmer und warfen sich hier mit ostwärts gewandtem Antlitz auf die Erde, um zu beten. Dann wurden wir in einen grofsen Vorsaal geführt, wo für jeden eine silberne Schüssel und Kanne nebst einer Kugel stark duftender Seife und einem Trockentuch auf kleinen Tischchen bereit stand. An dieses Vorzimmer stiefs das Speisezimmer oder richtiger gesagt die Banketthalle, ein grofser, künstlerisch mit Wandgemälden verzierter Raum, in dessen Mitte sich eine halbmondförmige Tafel befand, die mit schönen Armleuchtern von Silber beleuchtet und geschmackvoll mit Blumen und Früchten geschmückt war. Die Gerichte waren durchgehends ausgezeichnet und augenscheinlich von einem französischen Koch bereitet; es wurde ihnen denn auch volle Gerechtigkeit erwiesen, namentlich Seitens der Türken, die den ganzen Tag gefastet hatten.

Am Schlufs des Mahles, das aus nicht

weniger als fünfzehn Gängen bestand, zogen wir uns in ein Rauchzimmer zurück, wo Kaffee gereicht und Cigaretten und Tschibuks angeboten wurden. Ich wählte einen Tschibuk, und da das Rohr desselben mit kostbaren Steinen von aufserordentlichem Werth besetzt war, so dachte ich, dafs mir der Tabak daraus nur um so besser munden würde; aber ich hatte mich getäuscht, denn der Tabak war mit allerlei duftenden Kräutern parfümirt. Dafür war der Kaffee um so köstlicher, wie denn überall, wohin ich in Konstantinopel kam, ausgezeichneter Kaffee gereicht wurde.

Der Versuchungen, noch recht lange in Konstantinopel zu verweilen, waren in der That nicht wenige; darunter nicht in letzter Reihe das prächtige Klima. Da jedoch unsere Zeit drängte, so machten wir uns nicht ohne Bedauern auf die Weiterreise. Wir nahmen zunächst einige Tage in Athen Aufenthalt. Unser Verweilen in Athen wurde durch die Güte des Königs Georg und der Königin Olga äufserst anregend und vergnüglich. Die Majestäten setzten alles höfische Ceremoniell bei Seite, luden uns ohne Förmlichkeiten zum Frühstück und zum Mittagessen, gaben uns zu Ehren einen schönen Ball und erwiesen uns zu aller

Gastlichkeit noch vielfache persönliche Aufmerksamkeiten, die so weit gingen, dafs Se. Majestät bei mir vorsprach und die Königin ihre Kinder nach unserm Gasthof schickte. Natürlich besuchten wir alles, was noch von der alten Civilisation der Stadt übrig ist: die Akropolis, die Tempel, die Bäder, Thürme und Mauern und dergleichen, auch versäumten wir nicht, die Stätte zu besuchen, an der einst der heilige Paulus den Athenern das Christenthum predigte. Wir machten auch einige Ausfahrten in die ländlichen Bezirke, und ich machte dabei die Wahrnehmung, dafs die Landbevölkerung, was das Malerische in Kleidung und was die Hautfarbe anlangt, den Zigeunern ähnelt, welche wir gelegentlich in Amerika zu sehen bekommen. Auch einen guten Theil der den letztern eigenen Schlauheit legte sie an den Tag, obgleich sie, soweit ich mich davon überzeugen konnte, im allgemeinen völlig unerzogen und unwissend war, mit Ausnahme von zwei Dingen, Politik, von der man mir sagte, dafs sie ihr instinctiv komme, und der Gier nach einem Amt, die ihr eigen ist, wie das Streben nach dem Wasser der Ente. Es scheint, dafs diese Begabung für Politik das Bindeglied zwischen den Griechen des Alterthums und denen der Gegenwart bildet.

Wir verliefsen Athen mit den dankbarsten Erinnerungen und gingen zur See nach Messina auf Sicilien und von da nach Neapel, wo wir verschiedene alte Freunde vorfanden. Von Neapel machten wir einen Abstecher nach Pompeji, um einer besonders aus Rücksicht auf unsere Anwesenheit veranstalteten Ausgrabung in den Trümmern der verschütteten Stadt beizuwohnen. Bei dieser Gelegenheit wurde eine Anzahl alter Haushalts-Gegenstände zutage gefördert, und einer derselben, eine Terracotta-Lampe, welche mit einer Reliefdarstellung der Sage von Leda und dem Schwan geschmückt war, wurde uns als Erinnerungszeichen verehrt, obgleich es sonst Regel ist, alle werthvollern Gegenstände im dortigen Museum aufzubewahren.

Unser nächstes Reiseziel war Rom. In der ewigen Stadt sahen wir Bilder-Gallerieen, Kirchen und Ruinen in Masse, aber alle diese Dinge sind so gut von Hunderten anderer Reisenden beschrieben worden, dafs ich mir nicht die Zeit nehmen möchte, sie mit Namen aufzuzählen. In Rom erlebten wir auch eine Tiber-Ueberschwemmung, die grofsen Nothstand verursachte und viel Eigenthum zerstörte. Von Rom ging es nach Venedig, dann nach Florenz — damals der Hauptstadt Italiens, denn obgleich die Truppen des Königs von Italien bereits im vorhergehenden September Besitz von Rom ergriffen, hatte die Regierung ihren Sitz noch nicht dorther verlegt.

In Florenz nahm mich unser Minister Herr Marsh, obgleich er an einem lahmen Fufs litt, unter seine Obhut, und nach Erledigung der nothwendigen Förmlichkeiten wurde ich dem Könige Victor Emanuel vorgestellt. Se. Majestät empfing mich ohne Förmlichkeiten in seinem Palast, in einem kleinen dumpfen Zimmer — zweifelsohne seinem „Bureau" —, dem man allzu peinliche Sauberkeit nicht nachsagen konnte. Der König trug eine lose blaue Bluse und weite Pluderhosen, — ein Anzug, der zweifellos recht bequem war, aber nichts weniger als den Eindruck einer idealen königlichen Erscheinung hervorbrachte. Die Lieblingsbeschäftigung Sr. Majestät war die Jagd, und kaum hatte ich meine Verbeugung vor ihm gemacht, als er auch die Unterhaltung darauf lenkte, wobei er seine Hände bis zu den Ellenbogen in den Taschen seiner Beinkleider verschwinden liefs. Er wünschte über das grofse Wild Amerikas unterrichtet zu werden, namentlich über den Büffel, und als ich ihm von den aus Tausenden und Abertausenden bestehenden Heerden sprach, die ich auf den Ebenen des westlichen Kansas gesehen, unterbrach er mich, um sein Schicksal zu beklagen, das ihn abgehalten habe, Amerika zu besuchen, und er ging so weit, zu erklären, „er wünsche überhaupt nicht König von Italien zu sein," er möchte weit lieber seine Tage auf der Jagd verbringen, „als sich mit Sorgen um den Staat abzuquälen". Auf einer seiner Besitzungen, in der Nähe von Pisa, hielt er mehrere grofse Heerden von Hirschen, zahlreiche Wildschweine und viel anderes Wild. Auf diesen Thiergarten war er sehr stolz, und ehe ich mich von ihm verabschiedete, lud er mich ein, dorthin zu gehen, um Hirsche und Rehe zu schiefsen, er selbst, fügte er hinzu, werde, wenn möglich, dort sein, jedoch befürchte er, dafs eine Reise, die er nach Mailand machen müsse, ihn verhindern würde, jedenfalls aber wünschte er, dafs ich bestimmt hingehen solle. Ich nahm die Einladung mit Freuden an und wurde nach einigen Tagen benachrichtigt, wann man mich auf der Besitzung des Königs erwarte. Zur bestimmten Zeit wurde ich von einem Adjutanten nach Pisa abgeholt und von hier fuhren wir nach dem ein paar Meilen entfernten Schlofse des Königs, wo wir uns für das bevorstehende Jagdwerk durch ein üppiges Frühstück von etwa zehn Gängen kräftigten. Sodann begaben wir uns zu Wagen nach des Königs Stand in dem Jagdrevier, von einer Anzahl berittener Wildhüter begleitet, die nur mit grofser Mühe eine Meute von 60 bis 70 Jagdhunden zu bändigen vermochten, wobei mich die Menschen sowohl wie die Hunde mit ihrem Belfern und Bellen nahezu zur Verzweiflung trieben. Nachdem wir den Stand erreicht hatten, wurde ich etwa 20 m von einem langen, hohen Stangenzaun entfernt aufgestellt mit dem Gesicht nach dem Zaun und durch zwei sehr dicht nebeneinander stehende Bäume gedeckt. Von dieser Stelle aus schofs gewöhnlich der König, und ich gedachte mit dem doppelläufigen Jagdgewehr, das man mir gab, schon etwas zu treffen, zumal dicht hinter mir zwei Jagddiener standen, um mir sofort ein frischgeladenes Gewehr zu reichen, wenn das erste abgeschofsen war. Inzwischen hatten die Wildhüter und Jagdgehülfen mit ihren Hunden die Runde durch den Park gemacht, um Wild aufzutreiben. Als das Gebell und Geheul der Hunde sich näherte, erblickte ich eine ganze Heerde Hirsche und Rehe hart an dem Zaun in voller Geschwindigkeit heranjagen. Ohne auch nur einmal zu fehlen, schofs ich die vier ersten, als sie den Versuch machten, durch den Engpafs durchzuschlüpfen; denn als sie zwischen meinem Stand und dem Zaun dahineilten, waren die unschuldigen Geschöpfe nicht weiter als zehn oder fünfzehn Schritte von uns entfernt. Nach Erlegung des vierten Thieres hielt ich inne, aber die Jagdgehülfen bestanden darauf, dafs ich in der Metzelei fortfahre, denn Niemand, sagten sie, mit Ausnahme des Königs, habe etwas Gleiches fertig gebracht. Ich dachte mir, dafs ja bisher noch Niemand dazu die Gelegenheit gehabt hatte, fuhr aber fort zu feuern, bis ich mit elf Schüssen elf Thiere abgeschlachtet, was mit einer Jagdflinte und Rehposten leicht genug ist. Nachdem die „Jagd" zu Ende war — denn jetzt hatte ich genug und keinem Andern wurde die Abgabe auch nur eines Schusses erlaubt —, gab der Adjutant Auftrag, das Wild nach Florenz an meine Adresse zu senden.

Kurz nach der Jagd kehrte der König von Mailand zurück und beehrte mich mit einem militärischen Essen, bei dem Se. Majestät und alle Gäste, achtzig an der Zahl, in voller Uniform erschienen. Der Bankett-

Saal war mit Hunderten von Wachskerzen erleuchtet, an Blumen herrschte eine wahre Verschwendung und das ganze Schauspiel war für mich von ungewöhnlicher Pracht. Das Tischgeräth bestand ganz aus Gold — das berühmte Service des Hauses Savoyen —, und hinter dem Stuhl eines jeden Gastes stand ein Diener in prachtvoller Livrée von rothem Sammt und gepuderter Perrücke. Ich safs zur Rechten des Königs, welcher — die Hand am Degen, dessen Gefäfs von Juwelen blitzte — durch volle anderthalb Stunden am Tische safs, ohne auch nur einmal das Essen oder Trinken zu berühren, da es seine Gewohnheit war, nur zwei Mahlzeiten im Lauf von 24 Stunden einzunehmen, das Frühstück um Mittag, und das Abendessen um Mitternacht. Auch stumm blieb der König während des gröfsten Theils der Zeit, aber wenn er sprach, ganz gleich über welchen Gegenstand, kam er unvermeidlich immer wieder auf die Jagd zurück. Er lenkte die Unterhaltung auch nicht ein einziges Mal auf den französisch-deutschen Krieg oder auf die politische Lage in seinem eigenen Lande.

Als ich mich von Sr. Majestät verabschiedete, dankte ich mit tiefstem Erkenntlichkeits-Gefühl dafür, dafs er mich so hoch geehrt habe; er erwiderte, wenn er jemals nach Amerika kommen sollte, um Büffel zu jagen, so werde er meine Hülfe in Anspruch nehmen.

Von Florenz ging ich nach Mailand und Genua, dann nach Nizza, Marseille und Bordeaux. Hier tagte eben die von der Regierung der nationalen Vertheidigung berufene Versammlung, um die Bedingungen zu genehmigen, die zwischen Jules Favre und dem Grafen Bismarck in Versailles vereinbart worden waren. Die Versammlung umfaßte in ihren Mitgliedern alle Theile Frankreichs und war zweifellos die geräuschvollste, ungefügigste und unvernünftigste Gesellschaft von menschlichen Wesen, die ich je in einer parlamentarischen Vereinigung gesehen habe. Die häufigen Anstrengungen, welche Jules Favre, Thiers und andere Führer machten, um die ungestümern Elemente zu zügeln, waren von geringer Wirkung. Wenn während der Sitzungen ein Abgeordneter sich erhob, um über eine Frage zu sprechen, wurde er oft in gewaltsamer Weise auf seinen Sitz zurückgezerrt und dann von einem „Mob" von Collegen umringt, die ihre Röcke abwarfen und mit den Armen herumfuchtelten, als ob sie sich prügeln wollten.

Aber die bittere Pille der Niederlage mufste doch auf eine oder die andere Weise hinuntergeschluckt werden, und so ersah die Versammlung Herrn Thiers, unter gleichzeitiger Ermächtigung ein Ministerium zu bilden, die ausübende Regierungsgewalt des Landes zu vertreten. Zugleich wurden drei Bevollmächtigte ernannt, um mit dem Grafen Bismarck in Versailles in weitere Unterhandlungen zu treten und einen Friedensabschlufs zu entwerfen, dessen Bedingungen jedoch erst der Versammlung zur schliefslichen Entscheidung unterbreitet werden sollten. Im schroffen Gegensatz zu diesen langen Erörterungen stand die kurze Frist der paar Tage, deren es bedurfte, um in Versailles einen Vertrag zu entwerfen und zu unterzeichnen, dessen hauptsächliche Unterhändler Thiers und Jules Favre für Frankreich, Bismarck für Deutschland waren. Unter den vereinbarten Bedingungen befand sich auch die Besetzung von Paris durch die Deutschen bis zur Erlangung der Zustimmung der Bordeauxer Versammlung zu dem Vertrag — eine Bedingung, von der ich kaum durch unsern Minister in Paris, Herrn Washburn, Kunde erhalten hatte, als ich auch sofort nach Paris eilte, um die Sieger ihren Triumpheinzug halten zu sehen.

In der Hauptstadt hatte natürlich die Aufregung den Grad der Fieberhitze erreicht, die gesammte Bevölkerung erklärte einstimmig, sie werde nie und nimmer Zeuge sein, wie die verhafsten Deutschen in ihre geliebte Stadt einmarschiren würden; sie würden sich in ihre Häuser verstecken, versicherten sie, oder vor einem so abscheulichen Anblick die Augen schliefsen. Aber bis zum 1. März schien eine Veränderung mit diesen wankelmüthigen Parisern vor sich gegangen zu sein, denn schon in früher Morgenstunde waren die Seitenwege der Strafsen mit Menschen vollgepfropft und die Fenster und Thüren der Häuser mit Männern, Frauen und Kindern dicht besetzt, sie alle brannten danach, einen Blick auf die Eroberer zu erhaschen. Indessen rückten des Morgens nur wenige ein — eine Vorhut von vielleicht tausend Mann Cavallerie und Infanterie. Die Hauptmacht marschirte vom Arc de Triomphe gegen die Mitte des Nachmittags ab. In ihrer Zusammensetzung war sie eine Vertretung des geeinten Deutschlands, Sachsen, Baiern und preufsische Garden zogen unter den schmetternden Klängen ihrer Musikcorps die Champs Elysées hinunter nach der Place de la Concorde und wurden von hier aus über bestimmte, vorher bereits festgesetzte Stadttheile vertheilt. Nichts, das mit dem Namen einer Ruhestörung hätte belegt werden können, ereignete sich während des Einmarsches; ein Zischen oder ein Murmeln der Unzufriedenheit, das hier und da vernehmbar wurde, galt meist dem begrabenen Kaiserreich. In der That überall machte ich die Wahrnehmung, dafs die Schuld an dem nationalen Unglück Napoleon III. gegeben wurde — ja, dafs dieser nachgerade zum Sündenbock für jeden während des ganzen Krieges begangenen Mifsgriff gemacht wurde.

Der Kaiser Wilhelm — er war in der Zwischenzeit am 18. Januar zu Versailles zum Deutschen Kaiser ausgerufen worden — begleitete seine Truppen nicht nach Paris, hatte jedoch, ehe sie zum Einzug aufbrachen, in Longchamps Musterung über sie gehalten. Er blieb auch nach der Besetzung der Stadt in Versailles, und sobald es die Umstände erlaubten, begab ich mich nach dem kaiserlichen Hauptquartier, um Seiner Majestät unter dem neuen Titel und der neuen Würde derselben meine Aufwartung zu machen und zugleich Lebewohl zu sagen.

Aufser dem Kaiser waren General von Moltke und Graf Bismarck die einzigen Personen von Bedeutung, die ich in Versailles antraf. Der Kaiser war in höchst liebenswürdiger Stimmung, stramm und herzlich zugleich, wie immer. Die Erhöhung seiner Macht und seines Ranges hatten keine merkbaren Spuren bei ihm hinterlassen, und sein zuvorkommendes und freundschaftliches Wesen gegen mich machte mich glauben, daſs meine Anwesenheit bei der deutschen Armee ihm ein wirkliches Vergnügen bereitet habe. Ob dies thatsächlich der Fall war oder nicht, ich werde immer denken, daſs es so gewesen, denn seine gütigen Worte und seine aufrichtige Art und Weise konnten keinen andern Schluſs zulassen.

General v. Moltke war wie gewöhnlich ruhig und gemessen und trug auch nicht das geringste Bewuſstsein seines groſsen Könnens, noch die geringste Spur von Stolz zur Schau über das gewaltige Werk, das er vollbracht hatte. Ich sage dies mit gutem Vorbedacht, denn es ist eine zweifellose Thatsache, daſs es sein wunderbarer Geist gewesen, der ein militärisches System zur Vollendung brachte, nach welchem 800,000 Mann mit noch nie dagewesener Geschwindigkeit mobil gemacht und dann mit einer solchen Sicherheit der Berechnung in Bewegung gesetzt wurden, daſs es nur eines Feldzugs von sieben Monaten bedurfte, um die militärische Macht Frankreichs zu zerstören und seine riesigen Hülfsmittel in trauriger Weise lahm zu legen.

Ich empfahl mich auch dem Grafen Bismarck, denn in dieser vielbeschäftigten Zeit waren die Aussichten, ihn wiederzusehen, nur sehr gering. Der grofse Kanzler bezeigte mehr Freude über den Erfolg der Deutschen als sonst irgend Jemand im kaiserlichen Hauptquartier. In Uebereinstimmung mit seiner thurmhoch hervorragenden Geistes- und Körperkraft hatte sich auch sein Charakter viel von der Begeisterung und dem Ungestüm bewahrt, die gewöhnlich auf die Jugend beschränkt sind, und so liefs er auch jetzt in seiner offenen, ungeschminkten Weise die Genugthuung und Befriedigung über seinen Erfolg rückhaltlos zu Tage treten. Was sein Genius Jahre lang geplant und erstrebt hatte — die dauernde Einigung der deutschen Staaten — war durch diesen Krieg zur Wirklichkeit geworden. Er hatte sie zu einem festgefügten Kaiserreich zusammengeschweifst, das keine Macht in Europa wieder sprengen konnte, und da diese Einheit das Ziel und Werk von Bismarcks Leben gewesen, so hatte er wohl ein Recht, zu jubeln!

Dank den mir gewordenen Aufmerksamkeiten bin ich in der Lage gewesen, den hauptsächlichsten Schlachten dieses Krieges als Augenzeuge anzuwohnen, viele geringfügigere Einzelheiten dieses Kampfes zwischen zwei der gröfsten militärischen Nationen der Welt zu studiren und mit kritischem Auge die im Auslande befolgten Methoden der Erhaltung, Bekleidung und Bewegung grofser Truppenmassen während eines erstaunlichen Feldzugs zu beobachten. Selbstredend fand ich viel des Interessanten und für mich Lehrreichen, indessen ist heutigen Tages der Krieg überall so ziemlich dasselbe und dieser eine bot keine auffallende Ausnahme von meinen bisher gemachten Erfahrungen. Die auf dem Marsch beobachteten Regeln waren, mit einer allerdings höchst wichtigen Ausnahme, dieselben, die wir hierzulande befolgen würden. Dank der Dichtheit der Bevölkerung Frankreichs über das ganze Land waren die Deutschen beständig in der Lage, ihre Truppen in Ortsquartieren unterzubringen und von den Einwohnern das zum Unterhalt der Officiere sowohl wie der Mannschaften Nöthige zu erheben. Es lag daher keine Nothwendigkeit für Lager- und Garnisonirungsausrüstung noch für Proviantirungszüge im grofsen Mafsstabe vor, sodafs die Armeen von diesen

Hindernissen, welche bei militärischen Bewegungen in dünn und ärmlich besiedelten Gebieten unerläfslich sind, in keiner Weise belästigt wurden. Wie ich schon einmal gesagt, waren die einzigen Züge, welche sie mit sich zu führen hatten, die für den Schiefsbedarf, die Brückenboote und den Feld-Telegraphen, und diese wurden alle durch besondere Corps besorgt. Wenn Beförderungsmittel für andere Zwecke nothwendig wurden, so wurden sie durch Erhebung im besetzten Lande aufgebracht, grade wie Nahrungsmittel und Fütterung von der Bevölkerung erhoben wurden. Dadurch wurde eine grofse Schnelligkeit der Berechnungen ermöglicht, und da sich die Heersäulen in geschlossener Ordnung voranbewegten und da alle Strafsen breit und chaussirt waren, so lag wenig oder gar nichts vor, was dem Vormarsch der Deutschen im Wege gewesen wäre, aufser dem Widerstande des Feindes; aber auch der war im allgemeinen nur unbedeutend und selten genug, denn die Franzosen waren durch die Schläge, mit denen gleich der Beginn des Feldzugs für sie verknüpft gewesen, von Anfang an entmuthigt.

Diese ersten Vortheile der Deutschen über die Franzosen aber müssen der überraschend schnellen Mobilmachung ihrer Armeen zugeschrieben werden, einem der bemerkenswerthesten Züge ihres vollkommenen militärischen Systems, wie es nur durch eine nahezu autokratische Gewalt ins Leben zu rufen ist. Bei ihren spätern Erfolgen kamen ihnen wesentlich die Fehler der Franzosen zu Hülfe, deren Mifsgriffe den Krieg beträchtlich verkürzten, obgleich derselbe, meiner Meinung nach, selbst wenn er verlängert worden wäre, doch schliefslich keinen andern Abschlufs gefunden hätte.

Wie ich schon an einer andern Stelle bemerkt habe, war der erste französische Mifsgriff die Annahme der Schlacht von Wörth durch Mac Mahon; der zweite bestand in der übertriebenen Wichtigkeit, welche die Franzosen der befestigten Stellung vor Metz beilegten, wodurch drei Schlachten — die von Colombey, Mars-la-Tour und Gravelotte — herbeigeführt wurden, die alle drei verloren gingen; und der dritte endlich war die thörichte Bewegung Mac Mahons der belgischen Grenze entlang, um Metz zu entsetzen, — ein Fehler, für den die Verantwortung, wie ich gern anerkenne, nicht ihm zuzuschreiben ist.

Mit der Einschliefsung Bazaines in Metz und der Gefangennahme der Mac Mahonschen Armee bei Sedan war die Krisis des Krieges eingetreten, waren die Deutschen thatsächlich Sieger. Die Einnahme von Paris war nur noch eine Sache des Gefühls, — die Erhebung der Kriegsentschädigung und die Rückgewinnung der beiden rheinischen Provinzen hätte auch ohne Belästigung der Hauptstadt erreicht werden können, und es waren nur die politischen Einflüsse, welche dem Wechsel in der französischen Regierung folgten, die den Abschlufs des Friedens noch hinausschoben.

Ich hatte nicht oft Gelegenheit, die deutsche Cavallerie zu beobachten, weder auf dem Marsch noch in der Schlacht. Nur ein einziges Mal sah ich eine Abtheilung im Gefecht, es war bei dem unglücklichen Angriffe von Gravelotte. Bei dieser Gelegenheit bewies sie hohen Muth und gute Disciplin, erfüllte aber weiter keinen Zweck. Die nicht der Infanterie beigegebene Cavallerie war in Divisionen getheilt und operirte nach der alten Regel, Front und Flanken der Armee zu decken, eine Obliegenheit, der sie in vollkommener Weise nachkam. Aber so verwandt, bildete sie doch nie einen selbständigen Truppenkörper, und es kann daher auch nicht von ihr gesagt werden, dafs sie in diesem Feldzuge etwas vollbrachte oder ein Gewicht und einen Einfluſs ausübte, die im Verhältniſs zu ihrer Stärke standen. Die Art und Weise ihrer Verwendung schien mir irrig zu sein, denn an der Zahl der französischen Cavallerie überlegen, wie sie war, würde sie, wenn sie unabhängig von der Infanterie zusammengehäuft und in Thätigkeit gesetzt wurde, leicht die französischen Verbindungslinien durchbrochen und noch bei vielen andern Gelegenheiten einen gewichtigen Einfluſs auf den Verlauf des Krieges geübt haben.

Die Infanterie der Deutschen war so ausgezeichnet, wie ich sie nur je gesehen; die Leute waren jung und abgehärtet und marschirten stets elastischen Schrittes. Das Infanterieregiment ist indessen meines Erachtens zu groſs, besteht aus zu vielen Köpfen für den Befehl eines Obersten, dieser müſste denn den Stab eines Generals zur Verfügung haben. Aber dieser Einwurf wird vielleicht wieder durch die Vortheile aufgewogen, welche sich aus einer derartigen unmittelbaren Vereinigung von Leuten aus demselben Bezirke — wir würden es „County" nennen — ergibt, denn die eigentliche Grundlage des deutschen Armeesystems beruht auf diesem Grundsatze der örtlichen oder territorialen Recrutenaushebung.

Nie gab es irgend eine Verzögerung, wenn das Signal zum Aufbruch ertönte; alle waren sofort zur Stelle, und auf dem Marsche selbst entstand keine Lockerung der Reihen, nur die Kranken fielen aus Reih und Glied. Bei einer so guten Beschaffenheit der Strafsen freilich und bei dem erhebenden Gefühl des Erfolgs, das diese Leute vom ersten Schuss an empfanden, war auch wohl kaum zu erwarten, dafs ihre Reihen nicht wohlgeschlossen zusammengehalten hätten. Und dann mufs auch noch das Eine in Erwähnung gezogen werden, dass, wie schon an anderer Stelle gesagt, ein Feldzug in Frankreich, d. h. das Vorrücken, Lagern und die Verpflegung einer Armee, verhältnismäfsig leicht und nicht mit den Schwierigkeiten zu vergleichen ist, die wir bei uns während des Rebellionskrieges zu überwinden hatten. Ich bin daher der Meinung, dafs unsere Truppen unter den nämlichen Umständen sich ebenso gut gehalten haben, ebenso bewunderungswürdig marschirt, ihre Verbindungen ebenso schnell und genau ausgeführt und sich mit demselben Erfolg geschlagen haben würden. Betreffs dessen, was die Deutschen auf den grundlosen Wegen — die oft gar keine Wege waren —, durch die Sümpfe und Triebsandflächen von Nord-Virginien geleistet haben würden, oder auf dem Marsch aus der Wildnifs nach Petersbury, oder von Chattanooga nach Atlanta und der See —, darüber sind natürlich nur Muthmafsungen gestattet.

Nachdem ich den Bewegungen der deutschen Armeen von der Schlacht von Gravelotte an bis zur Belagerung von Paris gefolgt war, konnte ich zum Schlufs mein Urtheil dahin zusammenfassen, dafs ich keine neuen militärischen Grundsätze entfalten sah, weder solche strategischer noch taktischer Natur, sondern dafs die Bewegungen der verschiedenen Armeen und Corps von denselben allgemeinen Gesetzen geboten und beherrscht wurden, die seit lange gelten: nämlich Einfachheit des Plans und der Bewegung und die Vereinigung einer an Zahl überlegenen Truppenmasse an den Entscheidungspunkten.

Nach meinem kurzen Abstecher nach Versailles blieb ich bis Ende März in Paris. In der Gesellschaft des Herrn Washburn besuchte ich die Vertheidigungswerke der Stadt und fand, dafs dieselben aufserordentlich stark waren, — in der That so stark, dafs es äufserst schwierig gewesen wäre, die Stadt durch einen allgemeinen Sturm zu nehmen. Die Deutschen waren über das

Wesen dieser Befestigungen sehr wohl unterrichtet, aber sie schraken vor dem Verlust an Menschenleben, den ein solches Unternehmen notwendigerweise mit sich gebracht hätte, zurück, wenn ihnen auch bekannt war, dafs die Besatzung der Forts aus ungeübten Soldaten bestand. So gab es hier und da einen kleinen Zusammenstofs, wenn sie ihre Linien enger zogen, oder es wurde gelegentlich ein Ausfall zurückgeschlagen, im übrigen aber zogen sie es vernünftigerweise vor, zu warten, bis die Aushungerung das Werk der Einnahme der feindlichen Hauptstadt mit wenig Verlust und vollständiger Gewifsheit vollbracht hatte.

Die deutschen Truppen wurden am 3. März aus Paris zurückgezogen, und kaum waren sie fort, so brach auch der Parteihader, der bereits in der Zwischenzeit seit der Flucht der Kaiserin und dem Fall der Regentschaft beständig zutage trat, unter der Beimischung revolutionärer Elemente wieder hervor und führte schliefslich zum Aufstande der Commune. Nachdem ich einige dieser Ausbrüche als Augenzeuge mitangesehen hatte, entschlofs ich mich, den Rest der mir noch bemessenen Zeit zur Bereisung von England, Irland und Schottland zu benutzen. Im Herbst kehrte ich nach Amerika zurück, nachdem ich etwas über ein Jahr abwesend war, und obgleich ich im Auslande vieles von allerhöchstem Interesse, sowohl militärischer wie allgemeiner Natur gesehen hatte, betrat ich doch mein Vaterland mit einer womöglich noch gröfseren Liebe für dasselbe und mit einer gröfseren Bewunderung für seine Einrichtungen.

Druck von Ramm & Seemann in Leipzig.

Made in the USA
Monee, IL
03 May 2026

49438546R00069